中国脱贫攻坚
县域故事丛书
County-level Story Series on
Poverty Alleviation in China

中国脱贫攻坚
丹巴故事

全国扶贫宣传教育中心 组织编写

人民出版社

序言　荜路蓝缕　减贫之路

　　丹巴县位于四川省西部、甘孜州东部，享有"美人谷""千碉之国""中国最美丽的乡村"等美誉，是藏汉羌等多民族交往交流交融的典范区。2014年以来，丹巴县以习近平新时代中国特色社会主义思想为指导，聚焦"两不愁、三保障"目标，坚持把脱贫攻坚作为最大的政治责任、最大的民生工程、最大的发展机遇，以修建千年古碉的工匠精神，制作嘉绒服饰的绣花功夫打出了一场漂亮的脱贫攻坚战。2014年，丹巴县精准识别贫困村54个，贫困人口2245户8564人，贫困发生率为16.8%；到2018年底，县摘帽"一低三有"、村退出"一低五有"、户脱贫"一超六有"和"三率一度"全面达标，全县54个贫困村全部退出，累计减贫2179户8300人，贫困发生率降至0.52%，脱贫成果显著，走出了一条具有丹巴嘉绒藏区特色的脱贫之路。

目　录
CONTENTS

第1章

吹响脱贫攻坚"集结号"

习近平总书记在党的十九大报告中明确提出"中国共产党人的初心和使命，就是为中国人民谋幸福，为中华民族谋复兴"。

　　在 2017 年的中央经济工作会议上，他又进一步强调了要"坚持以人民为中心的发展思想"，并特别指出要把其贯穿到统筹推进"五位一体"总体布局、协调推进"四个全面"战略布局和统揽"四个

图 1-1　丹巴县岳扎乡举行党的十九大会议精神大型群众性宣讲活动，覆盖 3 乡 1000 余名群众

图1-2　丹巴县脱贫攻坚作战指挥沙盘

伟大"之中。坚持以人民为中心的发展思想，不仅回答了发展"为了谁、依靠谁"的发展目的、发展动力问题，而且主张人是发展的根本动力，回答了怎样发展、发展依靠谁的问题。"为了谁"和"依靠谁"是密不可分的。人是发展的根本目的，也是发展的根本动力，一切为了人，一切依靠人，二者的统一构成以人为中心的完整内容。以人为中心是共产党全心全意为人民服务的根本宗旨的体现，综观扶贫实践，将以人民为中心理念同党的领导有机结合起来，已成为我国推进扶贫治理体系与治理能力现代化的重要经验。脱贫攻坚战启动以来，丹巴县委、县政府高度重视、加强领导，聚合政策执行力、干部帮扶力、群众内生力和能人带动力，吹响"集结号"，形成了政府主导、部门联动、群众主体、社会参与的扶贫攻坚强大合力，实现脱贫攻坚多元主体的同频共振，形成共建共治共享的治贫新格局。"想为""敢为""能为""有为"是丹巴县构建的一个完整系统链条，"四为"共同作用，缺一不可，内在逻辑严密，外在要求明确，是打赢脱贫攻坚战和谐有序的四部曲。广大丹巴县扶贫干部和群众"手牵手、心连心"，以时不我待的精神"挂图作战"，通过担当实干努力把"贫困地图"变成"致富实景"，让美好蓝图在丹巴化为生动现实。

　　"人既尽其才，则百事俱举；百事举矣，则富强不足谋也。"人才是化解贫困问题的关键所在。当前，丹巴贫困地区的面貌已发生巨大变化，在扶贫工作中，瞄准人力的"短板"，进一步破除制约当地发展的"紧箍咒"，从"输血"转向"造血"，人才正是扶贫"造血"最眼红的"干细胞"，是长久脱贫的关键。聚焦脱贫攻坚战，丹巴县从外部引才、内部收集、培育保障三个层面组建扶贫领域的人才库，为脱贫攻坚提供坚强人才保障，与贫困农户携手发展，奏响了一支支动人心弦的"脱贫曲"。

第2章

唤醒脱贫"造血"能力

习近平总书记强调，要解决好"怎么扶"的问题，按照贫困地区和贫困人口具体情况，因地制宜实施好"五个一批"。产业、就业精准扶贫是我国精准脱贫"五个一批"的重要组成部分和核心内容，是发挥贫困户"造血"功能、确保稳定脱贫的关键举措，是真正发挥脱贫帮扶作用的重要推力。丹巴县作为典型的民族贫困地区，产业就业脱贫亦是脱贫攻坚的主要方式。产业扶贫对于提高民族地区自我发展能力、少数民族群众增收致富能力和民族地区扶贫有效性、脱贫稳定性意义重大、作用显著。

图 2-1　丹巴农业科技示范基地

一、科技扶贫"五个一"

（一）一个引进来，培育本土人员

农技员是指根据农业生产为基础需求，利用现代农业技术理论、知识与实践相结合，为广大农民提供生产技术指导与服务的农业技术推广人员。在基层农村地区，农业技术人员是科学技术的主力军，是推广农业技术最深入的人员，也是最接近土地和"三农"的队伍。农技员采用科学合理的农技推广方式，能够调动农户的参与积极性，提高农机推广效率和实现农业科技转化。丹巴县农业技术发展过程中根据需求萌生的特聘农技员和农业经理人是其精准扶贫工作中的智慧结晶和成果，凝聚了扶贫干部对产业倾注的心血，也是特有的丹巴农技扶贫新模式，值得民族贫困地区借鉴，其他非少数民族贫困区域学习。

1. 引进来

丹巴县创新吸引农技人才方式方法，培养本土农技人员。该县从外引入的农技人才主要有特聘农技员和农业经理人两种。首先在特聘农技员方面，丹巴县农牧和科技局的扶贫干部人员从该县基础县情出发，认识到自身在发展农业产业就业方面存在着因交通不便带来的对农产品市场行情认识不足；农户自身对接市场能力弱；距离大市场较远带来的运输不便，如农户个体无法支撑庞大昂贵的运输费用问题。农产品储存时期短；信息流通不畅以及本土扶贫干部资源能力有限等问题。经过县领导班子共同商议，决定从县财政拨出一部分资金用来从县外区域如甘孜州、成都市和西安市等地区聘请专业的农业技术人员，包括专业农技员、种植大户、种养能手、致富带头人

图 2-2　县人社局组织专家到阿拉伯村、俄鲁村、培尔村三村集中培训中药材、花椒、核桃种植技术

图 2-3　田间地头开起农业技术培训会

等，到丹巴县进行短期或长期的下乡入村农业生产技术指导、扩散等。据丹巴县扶贫干部讲述，该县从西安聘请了一位苹果种植能手到县进行技术指导，这是从省外引进农技人才的典型案例，在吸纳人才过程中，扶贫干部耗费了精力、贡献了力量，最后取得了良好的种植成效。

其次在农业经理人发展方面，丹巴县农业经理人是扶贫班子集思广益的创新成果，在一定程度上也彰显了该县扶贫人员对民族贫困地区产业发展、脱贫攻坚所做的贡献。农业经理人是指能对接市场信息，如价格、地点、人脉等，提供农产品销售渠道，并形成长期稳定销售关系的职业人。丹巴县从县财政拨款聘请外部销售能手担任农业经理人，派遣本县人员负责集体运输事宜，由驾驶技术好的县扶贫相关工作人员担任驾驶员，在农产品销售时节进行挨家逐户的集体收购装载，在农业经理人引导和带领下到大市场进行集体销售，并形成稳定的对接关系。此举很大程度上解决了丹巴县贫困户农产品销售问题，增加了收入，保障了稳定脱贫。

2. 本土化

丹巴县特聘农技员和农业经理人在服务期间，分别发挥市场功能和技术功能，对本县具有潜在农技员和经理人资质的本土人员进行培训，跟随学习，掌握人脉，逐步替代专业农技员和经理人，独当一面，形成可持续的人员机制。

（二）一个走出去，学习农业技术

丹巴县组织贫困户走出去学习农业技术，强化种养殖产业技能，促进贫困农户钱、才双收。

该县为加快推广种植优质、高效和安全的农业产品，做大做强农业产业，组织想要发展产业的贫困农户到外县或其他州（区）的农业产业基地、农民专业合作社参观学习。在学习过程中，贫困户自身不需花费，交通、餐饮等费用由县带队人员统筹付费。参观对象也由县里负责联络和说服。在环保、符合实际情况和可行性基础上，学习的产业生产技术由村集体民主投票选出，以最广大人民群众的意愿和利益为出发点、落脚点，一切都是为激发贫困户内生发展动力和促进稳定脱贫。贫困农户走出去，是思想、见识和视野的走出去，变精准扶贫"输血"功能为"造血"，促进贫困户拥有一技之长，拥有长期增收能力，对于预防脱贫后返贫以及长期稳定脱贫有重要现实意义。

（三）一个建基础，提高科技实力

农业基础设施建设一般包括农田水利建设、农产品流通重点设施建设、生产基地建设和农业教育科研基础设施。农业技术基础设施供给不足、错配会严重影响农业经济的深入发展。强化农业基础设施建

图 2-4 扶贫局在发放核桃苗木

设，是改善农业生产条件、推动农村经济发展、促进农业和农村现代化的重要措施之一。

近年来，丹巴县努力打破县内农业技术基础设施薄弱的困境，主要有以下几方面措施。第一，重点关注乡镇农技农合服务推广站及其设备设施配套建设。丹巴县将农技站作为基层扩散和渗透农业科技的主要场所和载体，各农技站每年开展特色产业种养殖业实用技术培训，为农牧民提供技术学习、咨询、指导和示范服务。第二，丹巴县围绕自身农业生产薄弱环节，统筹推进科技、农田、草原等基础设施建设。丹巴县在全县多地新建或改建农机化生产道路，全县新增多台大马力多用能农机，新建多个助农的信息社。第三，积极开展基地、产品认证和保护登记工作，保证基地和农产品持续稳定地生产，保障基地、农产品质量和安全，维护消费者的切身利益。丹巴县农技站的农产品认证工作取得了显著成效，获得了"三品一标"称号。如丹巴县大白菜、雪上土豆等11个农产品获得无公害农产品认定；丹巴黄羊等5个畜产品获得无公害畜产品认定；康定红葡萄酒获得有机食品认证；丹巴香猪腿获得农产品地理标志认证。农技站——农业技术——质量认证——贫困户四者之间形成了密切的基层农技服务体系，为农业技术的传播、农户学习使用、售后服务和唤醒贫困户"造

图 2-5　工作人员在发放化肥　　　　图 2-6　农技人员在发放修剪工具

图 2-7 核桃苗木采购洽谈会

血"功能发挥了重要推进作用。

（四）一个多主体，构建服务体系

丹巴县形成了"政府科技部门、高校和科研院所、企业和新型农业经营主体、社会组织"四类主体构成的多元化主体技术服务体系。当前，四川省农业发展迅速，正处于关键发展阶段。现阶段四川省所需农业技术呈现出多元化、多主体、多功能等特征，农业技术服务所需服务主体也呈现出多元化趋势，四川省科技扶贫服务体系的系统规划起步较早，也取得了较好的初步成效。丹巴县作为四川省域内典型的民族地区，在农业科学技术采用模式上也贯彻落实了四川省的精神和具体做法，即多元化主体共同作用的技术服务体系。

在丹巴县科技扶贫服务主体中，丹巴县农牧和科技局、高校和科

图 2-8 县人社局组织专家到阿拉伯村实地讲解中药材种植技术

研院所、企业和新兴经营主体、社会组织四类主体所处的地位不同，导致具有差异化的功能作用。四类科技扶贫服务主体应致力于实现推广农业科技、促进农户增收和脱贫奔康这一远大目标，它们以此建立合作共赢的主体关系。

（五）一个重平台，促进信息共享

丹巴县基层农业部门，如县农牧和科技局与农技站格外重视"四川科技扶贫在线"平台在农业技术推广和农业发展中发挥的作用。丹巴县农牧和科技局建立服务平台促进科技扶贫发挥作用。平台在丹巴县工作主要有下面几点：第一，在线平台在丹巴县积极开展专家服务、技术供给、产业信息和供销对接四大服务，不受专业和地域限制，实现服务无盲区；第二，在线平台通过有效性判定、回访、激励约束等机制，确保服务真实有效；第三，省市县专家可通过平台实时在线解决丹巴县内自身解决不了的困难问题，平台优先推荐县级专

图 2-9　2017 年 10 月 25 日，丹巴县召开科技扶贫在线平台培训

家，不能解决的问题推送到市级、省级专家，如仍无法解决可申请专家团队到现场指导，直到问题解决为止。因此，"四川科技扶贫在线"平台在运行中促进了丹巴县地区科技需求的迅速采集与及时反馈，实现了专家、信息员、贫困户的有效交流和沟通，促进了丹巴县科技资源在全县内的高效共享。

二、产业扶贫"四点一体"

产业扶贫是扶贫开发战略的核心内容和主要模式，是脱贫攻坚的核心，是促进贫困地区发展和贫困群众持续稳定增收的根本途径。丹巴县产业扶贫坚持"建基地、重项目、引加工、创品牌"思路，针对县域自然、社会、经济等方面带来的产业短板、问题导向，以增加贫困村、贫困户增收能力、经济来源为切入点，强力推进农业产业扶贫，进一步巩固农业产业发展成果，为打赢脱贫攻坚战，实现乡村振兴筑牢产业基础。

（一）基地为起点，发展特色产业

丹巴县是甘孜州重点农业县之一，特色产业为重点产业和旅游业，是县委、县政府确定的支撑未来发展的两大支柱产业，在对丹巴县 GDP 贡献较大且在县域产业总产值地位举足轻重。该县对有劳动能力、可以通过生产和务工实现脱贫的贫困人口，采取产业培育扶持，因地制宜发展乡村旅游、种植业、养殖业等贫困人口参与度高的特色产业，通过发展生产实现稳定脱贫。

1. 重点产业发展

（1）酿酒葡萄产业。酿酒葡萄产业历来就是丹巴县重点推进的农

图 2-10　巴旺乡齐支村酿酒葡萄采摘

图 2-11　丹巴县岳扎乡酿酒葡萄基地迎来学习人员

业产业，自 2015 年开始在全县推广建设酿酒葡萄产业，建设葡萄基地。丹巴县为保证酿酒葡萄产业实施过程中的资金、资本和技术等要素合理配置，实现最佳产出和最大收益，于 2015 年引进省级龙头企业甘孜州康定红葡萄酒业有限公司。该龙头企业打造高原优质酿酒葡萄品牌，并利用品牌效应带动经济增长；为贫困户提供酿酒葡萄种植技术，以及技术咨询、指导和示范服务，不仅让农户学到切实的农业技术，还使贫困户学会"造血"功能；该企业还提供入股资金、经营管理等服务。此外，丹巴县酿酒葡萄产业形成了"政府+龙头企业+合作社+农业保险+贫困户"的五方联盟，构建多方主体利益链接机制，最大限度为贫困户消除种植自然灾害和外部社会风险，保证贫困户增收致富，顺利脱贫。

（2）特色水果产业。特色水果产业作为丹巴县两大重点推进产业之一，经济收益在全县农牧业收入占比中居于主要位置。丹巴县围绕休闲观光，建设高产、优质果园，主选甜樱桃，打造小金河和大渡河流域甜樱桃产业带。2014年通过省级农业综合开发现代农业产业带发展项目，打造特色水果产业基地，于2016年建设完成，带动了一大批贫困户脱贫奔康。

2.打造观光旅游业

旅游业同时也是丹巴县支撑未来发展的两大支柱产业之一。丹巴县旅游业虽起步较晚，但已初见成效，并正在积极建设打造中。丹巴县因地制宜选择区位条件较好、资源禀赋、生态环境优美和民风民俗奇异的乡镇打造旅游产业，覆盖面极广，主要包括聂呷、中路、巴旺

图2-12 成华援建巴底邛山一村土司官寨项目

三乡 10 行政村。旅游业以突出农业在乡镇旅游中的积极作用为中心，以形成农旅互动为着力点，发挥自身优势，形成规模化产业集群和经济增长群，并依托运作良好、特色鲜明、收益明显的现代农业科技园区、大渡河河畔田园景观等多元景观，以聂呷乡、中路乡和梭坡乡为核心区建成一批集创意农业示范、田园风光摄影、旅游休闲观光、民俗风情体验为一体的休闲农业与乡村旅游示范区。

此外，丹巴县推动旅游业与其他产业的深度融合，加大"酒、肉、茶、菌、果、蔬、水、药、粮、油"特色旅游商品开发力度，全力打造古碉、藏寨、美人谷等品牌，培育一批品牌旅游商品，提升丹巴形象；该县以扶贫为目标，在重点景区加快建设乡村旅游扶贫示范村，加快推进丹巴县文化旅游商品开发，以促进新农村和美丽乡村建设为途径，挖掘、抢救、弘扬传统民间工艺技术，有效利用乡村资源，扩大就业，带动地方农副业、加工制造业和商业的发展，促进扶贫增收。

（二）项目为支点，打造主导产业

除了特色农牧产业外，丹巴县也重视主导产业发展。丹巴县为优化农村资源配置，坚持"宜粮则粮、宜果则果、宜药则药、宜菜则菜、一村一品"原则，考虑各村市级自然资源优势、条件、劳动力构成、区域、市场需求等诸多实际，在符合县级特色产业总体规划下制定各村扶贫计划，实现各村都有 1—2 个具备一定规模和特色、覆盖面广、农民稳定增收的骨干项目。其次，丹巴县组织农业、畜牧、林业等产业重点部门，贯彻落实省、州级产业扶贫指导精神，根据各乡镇、贫困村的具体要求，确定生长生产适宜的主导产业，包括蔬菜、中药材、生猪、肉鸡、花椒、核桃等主导产业。丹巴县委、县政府组织工作组进一步对农业产业扶贫项目可行性逐村实地考察，征求乡镇、村、贫困户意见和建议，根据各乡镇和村、贫困户不同产业生产需求进行产业项目调整。再次，丹巴县对产业扶贫项目资金设置了系统管理督查机制，对农业产业扶贫项目内容、资金、实施等分级管理，并签订项目实施协议书，以公开透明保障产业扶贫资金落实到村，以公平法制督查项目过程合力开展，保障贫困户权利，促进顺利脱贫。丹巴县主导产业如下。

1. 加快特色蔬果基地建设

丹巴县选择具有本地区特色和较高市场竞争力的黄金豆、黄番茄、本地紫皮马铃薯等蔬菜品种为主导品种，通过"公司＋合作社＋基地"产业化发展方式，区域化布局，点、线、面同步推进；为突出"高起点、高品质、特色化"，引进早、中、晚熟苹果、青脆李、夏季草莓等适宜优质水果，连片成带建设示范基地。

图 2-13　丹东乡丹东村夏季草莓基地

2.加快羊肚菌产业基地建设

丹巴县加快大渡河脱贫奔小康百公里绿色生态农牧产业示范带建设，以小金河、大渡河流域为核心，通过政府引导、农民自愿方式鼓励农民大力发展羊肚菌产业，打造羊肚菌产业基地，该产业已成为县域农业发展主导产业新支点。

图2-14 羊肚菌种植促增收

3.稳步推进中藏药基地建设

通过政府引导、农户自愿、企业提供订单和最低收购保护价，在县域多个乡镇、村建立种植基地，推广CAP标准化无公害种植技术。同时引进甘孜州佳源中药材种植有限责任公司，在丹东乡丹东村新建基地。针对中藏药材生长周期长、市场风险大的特点，邀请外省药业企业实地考察，把脉问诊，建言献策，推广林下种植、果药套种等立

图 2-15　中科院黄璐琦院士到邛山一村签订野生中药材抚育保护协议

体种植模式，做响"丹巴羌活"品牌。逐步形成重点突出、特色鲜明、具有较强竞争优势的中藏药材产业。中藏药材种植逐渐成为高海拔贫困地区农牧民增收致富的重要途径。

4."生态特色并重"畜牧业适度规模

丹巴县紧紧围绕建设甘孜州东部高效畜牧业区精神，突出集约化、特色化，发展以种草养畜、种饲养畜为主的生态效益畜牧业。按照"建基地扩总量、强基础保产业、提素质促发展"的工作思路，选择以藏猪（本地放养黑猪）、本地鸡、丹巴黄羊为主要品种，立足高原、绿色、生态优势，挖掘地方品种文化内涵、发展壮大特色畜牧业。

图 2-16　州县技术专家指导养殖合作社

图 2-17　丹巴县新鑫肉牛养殖专业合作社　图 2-18　丹巴黄羊选育场

丹巴县农牧和科技局贯彻落实四川省《关于转发〈四川省农业厅关于做好 2017 年农业产业扶贫工作和 2016 年农业产业扶贫"回头看"通知〉》，对县上产业扶贫工作统筹安排、逐一落实"回头看""回头帮"文件精神。丹巴县农牧业部门组织工作人员对产业扶贫项目、资金、政策和需求进行整改、检查，对产业与村发展不协调的项目因村施策调整，对发展势头较好贫困村产业项目进行巩固提升，对贫困户开展精准帮扶项目；特别是对于产业发展基础薄弱的拟退出贫困村进行大力扶持，积极协调解决贫困户产业发展所需资金，用好用活贫困村产业扶持基金，采用多种形式帮助贫困户发展增收项目。

（三）加工为要点，构建产业链条

农产品加工作为第一产业和第二产业的联结，可以维持产品品质、保证市场供应、使农产品得到综合利用、增加农产品价值提高农业生产者收入。丹巴县产业发展中极度重视农产品加工，这是保障新时期食物安全的现实需要，也在拉动县域社会经济发展、增加县域经济实力、调整产业结构和延伸产业链条带动作用和促进农业产业化中发挥了重要作用。

丹巴县引进和培育多家省、州、县从事种植业、养殖业、畜产品生产加工和农产品品牌打造龙头企业，为酿酒葡萄、油菜等种植业加工提供了技术支持；为藏香猪腿、耗牛肉等畜产品生产加工提供了市场和技术支撑；打造甲居藏寨耗牛肉干、藏味轩藏香猪腿等品牌。丹巴县通过国家项目资金、政策扶持、科技人员派驻、提供技术咨询指导和"农超对接"方式，扶持培育了一批涵盖畜牧业、种植业、服务业、专业化生产水平和组织化程度高、产业带动明显的农民专业合作社，如丹巴县酿酒葡萄种植专业合作社、丹巴县黄羊专业合作社等。

（四）品牌为重点，培育经营主体

品牌体现消费者对产品及产品系列的认知程度，承载的是人们对产品及服务的认可。丹巴县积极推进传统农业向现代农业转型升级，快速发展新型农业经营主体，提高农业规模化经营、创新农业生产新模式。同时，农产品品牌也是丹巴县一直以来关注的重点，县委、县政府联合其他部门推进农业供给侧结构性改革、提高农产品质量，树立丹巴县产品金字品牌。

丹巴县围绕主导产业大力培育龙头企业、农民合作社、家庭农场、集体牧场和种养大户等新型经营主体，支持新型经营主体开展创建活动，在全县创建扶持一批省、州级农业产业化龙头企业。此外，丹巴县充分发挥农业龙头企业、农民合作社等新型农业经营主体在农业品牌建设中的主体作用，引导企业、合作社提高品牌化意识，扩大品牌农产业生产规模，健全农产品质量检测和追溯体系，以适应市场经济和农业现代化建设的要求；大力发展直销配送、农超对接等

图 2-19　丹巴县盒马合作基地授牌仪式

新型营销模式，实现生产、经营、消费无缝衔接；引导企业使用"圣洁甘孜＋企业品牌"双品牌，推出优质品牌农产品和优秀区域品牌，继续做大做强"美人谷"等区域品牌；加大"三品一标"登记认证，发展"三品一标"农产品；建设涉农电商主体，培育涉农电商专业户，支持深度贫困地区品牌农产品通过电商品牌、各类展销活动推向市场。总之，丹巴县农产品品牌在当地贫困户脱贫奔康中发挥了重要作用。

三、就业扶贫"四位联合"

（一）培训先行：提升技术技能

丹巴县历来重视对贫困户就业人员技能培训，主要深入贫困村，根据贫困户对就业种类需求开展各种技能培训，并给予补贴。一是以

图 2-20　水子乡举办的技能培训大会

图 2-21 民族服装制作培训班

脱贫攻坚和技能培训为契机，通过聘请州内外资质深厚的培训机构组织实施培训下乡活动，组织技能培训；二是积极衔接对口帮扶援助地区，派送农民工到县外学习提升技能，组织人员到康定参加返乡创业培训、到成都参加挖掘机培训、到成都参加餐饮服务培训；三是结合全域旅游和乡村振兴战略，以甲居、中路、梭坡为核心，举办乡村民宿酒店管理培训，开展专题培训。如为贫困户进行焊工培训，县领导根据需求将培训机器和技能人员运输进村，最大限度减少贫困户耗费资金成本。家庭技能培训流程主要是先在村采集贫困户技能培训意愿，确定培训工种，根据工种属性和客观条件送贫困户到定点培训学校或进村培训。丹巴县自家庭技能培训开展以来，累计年均培训1500余人次，扶持超1000人获得外出务工机会，使贫困户依靠个人技能得到收入，保证顺利脱贫。

（二）就业瞄准：形成扶贫合力

丹巴县始终将促进贫困户劳动力转移就业视为重要工作任务。一是通过转变传统农业生产作业方式，扶持一批以种植养殖为主的农村专业合作社促进就业，已发展嘉绒刺绣、羊肚菌种植、乡村民宿等专业合作组织403个，带动农村劳动力就地就近就业900余人，其中建档立卡贫困户460余人；二是建设就业扶贫基地，鼓励农民工自主创业促就业，扶持成立千总山鸡养殖专业合作社等三个就业扶贫基地，带动农村劳动力就业182人，其中建档立卡贫困户60余人；三是组织春季招聘会，号召本县人员参加招聘或鼓励到县外地区参加招聘，促进农村剩余劳动力自主就业、进城务工等，累计3000余人参加招聘会，100余人获得外出就业机会。2014年，丹巴县一名贫困户在扶贫人员鼓励下参加甘孜州招聘会，获得珠海务工工作机会，月薪4000余元，现已在珠海工作多年，曾代表工作人员参加四川在珠海座谈会。丹巴县促进贫困劳动力转移就业措施，能从根本上激发贫困户内生动力，给予贫困户长期经济收入能力，对贫困户稳定持续脱贫具有重要作用。

图 2-22　丹巴县 2016 年度返乡创业培训班　　图 2-23　2016 年丹巴县精准扶贫建筑技工技能培训班

图 2-24 人社局举办就业招聘会

（三）公益兜底：实施公益就业

丹巴县贫困户公益岗位也是就业扶贫途径的重要方式。该县整合各部门资源，多渠道争取资金支持，加大生态保护员、环境卫生员、护林防火员、防灾预警员、计生服务员、动物防疫员、扶贫政策宣讲员、文艺宣传员、村幼保教员、巡河员等公益类岗位的开发力度。丹巴县每年开发 60 个以上的公益性岗位用于安置就业困难群体就业，其中针对性开发乡村道路协管、城乡保洁、城乡社区公共管理服务等公

图 2-25 县人社局在步行街宣传社会保险及就业政策

益性岗位 10 个以上，优先安排就业困难人员、贫困家庭未就业的大中专毕业生、未就业"9+3"毕业生、牧区无业人员等就业。丹巴县委、县政府制定《丹巴县人社局 2018 年开发公益性岗位实施方案》，针对一批文化程度低、年龄偏大、家庭环境特殊等因素难以及时实现自主创业或外出务工的农村贫困劳动力，通过开发公益岗位的形式促其就地就近过渡就业，实现就业务农两不误。

公益性岗位类别主要有就业创业资金扶持开发公益性岗位和各部门资金开发的公益性岗位。就业创业资金扶持开发公益性岗位对当年退出的每个贫困村开发五个以上公益性岗位，岗位补贴标准每人每月 300 元，2018 年 21 个计划退出贫困村（包括了 2017 年提前脱贫的退出村）共开发公益性岗位 90 个，计划投入资金 32.4 万元，按一定比例安置贫困残疾人或其家庭成员就业，安置时间为一年。另一方面是各部门资金开发的公益类岗位。各部门要充分利用本部门资金，积极开发公益类岗位，优先聘用贫困劳动力，解决贫困劳动者就业难问

图 2-26　丹巴县召开社会保障卡发放工作宣传培训会

题。并在开发公益类岗位时，实施公益类岗位用工报备制，将聘用人员花名册及相关信息报送县就业局备案，实现全县公益类岗位的统筹管理和动态掌控。

（四）平台搭建：拓宽就业渠道

丹巴县深刻认识抓好民族地区就业扶贫的重大意义，理解就业与藏区发展民生稳定的密切关系，通过建立就业脱贫长效机制，激发贫困户就业内生动力，实现长期稳定脱贫。

主要举措有以下五点：一是深入行政村开展"送岗位、送培训、送政策、送服务"活动，实行就业岗位、培训信息每月发布制度，月均发布招聘信息 260 余条。二是联合成都成华、广东惠州开展就业扶贫专场招聘会，邀请两地企业，并提供岗位，输出劳动力 150 余人。三是挖掘了一批外出务工人员的典型事迹，在州县媒体广泛宣传，发

图 2-27　水子乡举办劳务品牌培训班

挥典型引路、示范带动作用，转变贫困群众的就业观念，带动一大批贫困群众外出务工。四是落实免收行政事业性收费、税费减免、最高额度不超过 10 万元的创业担保贷款等创业扶持政策；以及就业困难人员、高校毕业生、退役士兵、残疾人等自主创业成功并正常经营 3 个月以上的，一次性给予 2000 元创业补贴；个人创业带动两人以上就业的，再给予 3000 元补贴的鼓励创业政策。五是进一步落实好对高校毕业生、就业困难人员、农村转移就业劳动者等重点就业群体的职业介绍补贴、职业培训补贴、岗位补贴、社保补贴等资金扶持，使就业专项资金用于保障性就业达 50% 以上。

图 2-28　就业扶贫现场会特色产品展示

第 3 章

守护生态底色，
铺就高山峡谷致富路

一、地灾防治，夯实生态治理基础

　　灾害防治是民族地区社会治理体系的重要对象，它重点关注人类基本生存安全，提供人类生存和社会经济发展的最终安全策略，是生态治理和产业发展的前提和基础。地质灾害一方面会给人民群众的生命财产带来毁灭性冲击，阻碍地区可持续发展；另一方面对生态系统

图 3-1　丹巴县召开 2018 年生态文明建设战略安排部署会

自身或不可再生资源造成不可恢复的破坏，环境脆弱性降低，生存、生产、生活及生态的方方面面受到严重威胁。此时灾害治理就显得尤为重要，丹巴县灾害治理主要通过"灾前预警——灾害治理——灾后恢复"的模式进行防治，在整体上做好把控，一方面保障人民群众的生产生活安全，增强贫困治理屏障；另一方面保护自然环境的生态多样性，加强生态文明建设，对于贫困地区生态治理具有重要意义。

（一）地质环境恶劣、自然灾害频发

丹巴县山高坡陡，峡谷纵深，地势险峻，地层复杂，山体植被差，降雨集中，泥石流、滑坡、崩塌等地质灾害十分突出，地质灾害点多面广、隐蔽性强、危险性大，素有"地质灾害博物馆"之称，同时也是全国首批重点区域地质灾害详细调查的三个试点县之一。汶川"5·12"大地震、芦山"4·20"地震和康定"11·22"地震后，因丹巴距三次地震震中都非常近，受到的影响强烈，致使山体松而未

图 3-2　2014 年丹巴县梭坡乡莫洛村

滑、危石摇而未落的险情丛生，加剧了原有地质灾害隐患，使丹巴成为震后次生灾害的高易发区。并且丹巴县主城区位于大渡河源头，是大金川河、革什扎河、东谷河、小金河和大渡河 5 条河流的汇聚点。由于灾害发育，县城所在的章谷镇地质灾害隐患点多达 40 处，仅在主城区就有 5 条泥石流沟穿城而过，白嘎山大滑坡、红军桥和滑坡、双拥路后山危岩、三岔河危岩带、西河桥危岩带、大风湾危岩带等重大地质灾害将主城区重重包围，极大增加洪涝、泥石流等地质灾害带来的风险。

在地形地貌上，丹巴县位于大雪山东麓邛崃山西坡，属于岷山、邛崃高山区，是我国第一阶梯向第二阶梯过渡地带，系典型高山峡谷地貌。境内地形复杂，地势变化多端，相对高差悬殊，山脉逶迤，奇峰耸立，怪石磋砣，山河相间，河川纵横，峡谷深切，河沟密布。在地质构造上，地处青藏滇缅印尼"歹"字型构造，川滇南北向构造与小金—金汤弧形构造和复合部位，构造体系复杂，区内南北向构造属川滇南北向构造体系，褶皱发育。据地震资料显示，县境内西侧的鲜水河断裂带、康定断裂带、龙门山断裂带等为地震频繁发生带，近 20 年来先后发生的炉霍 7.9 级（1973 年）、塔公 5 级（1978 年）及道孚 6.9 级（1981 年）等地震均有涉及。调查结果表明，地震为鲜水河断裂左行扭动作用造成。本区小震活跃，大震较为频繁，多集中于邻近道孚县及康定县一带，据《中国地震危险区划》，丹巴属 5.5—6.9 级地震危险区，设防震级为Ⅶ级。

恶劣脆弱的地质环境、高山峡谷的地形地貌给丹巴县的脱贫攻坚任务带来了巨大挑战，再加上丹巴县水系发育、降雨量大，属亚热带高原季风气候区，呈典型的干热河谷气候，极易引发泥石流、崩塌、滑坡等地质灾害。近年来，由于经济社会的发展，县域内人类工程经济活动频繁强烈，主要体现在新建了多座水电站、新修了多处水库，频繁修建、改建公路，因修房建屋削山切坡，一方面带来交通、水利、住房等基础设施的便利，但另一方面助长极端气候的频发，降雨时空分布不均，同时因频繁开垦建房建路极易诱发泥石流、崩塌、滑坡等地质灾害，直接威胁危害当地人民生命财产安全，导致区域内难以摆脱长期贫困的窘境。

（二）丹巴"七到位"灾害防治法

"5·12"汶川大地震之后，丹巴县地质灾害多发、频发的趋势尤为明显。根据灾多灾频的县情实际，在国家、省、州各级各部门的关心支持下，丹巴结合当地实际情况，积极开展地质灾害"七到位"防治工作，取得的优异成绩受到了党中央、国务院和省州各级领导高度关注，并作出系列重要指示。

1. 做到思想认识到位

针对地质灾害易发、多发、频发现状，丹巴县深刻汲取历史教训，把地质灾害防治工作作为全县中心工作与全县经济社会发展同

图3-3 巴旺乡水卡子村贫困户家中正开展生态扶贫政策宣传

安排、同落实、同考核。汛期来临之前，及时召开县委常委会、县政府常务会研究地质灾害工作，做到早部署、早防范。各级领导特别是党政主要负责人深入乡（镇）灾害隐患点，督导巡查防灾减灾工作，相关职能部门定期或不定期开展拉网式排查，做到早发现、早处理。在汛期，实行"两个派驻"（县委、县政府片区分管领导或县级联系部门驻乡，乡干部驻村），指导和协助开展防灾减灾工作。县国土、县水务部门实行联合值班，严格执行24小时值班值守（每班至少确保两人同时在岗）和险情日报、零报、速报"三报告"制度，同时县纪委、组织部门加强汛期值班值守暗访督查，加大通报惩处力度。

2. 做到责任落实到位

丹巴县政府充分认识到必须从灾难中汲取智慧，尊重自然，尊重科学，健全地质灾害防治工作组织体系，使地质灾害决策在科学、高效、以人为本的轨道上高速运转。一是建立群防群测体系。成立县、乡、村三级地质灾害防治领导小组，建立纵向由县到乡、村、组、户，横向县与县、部门与部门、乡与乡、村与村、组与组协作配合、环环相扣的责任体系和反应灵敏的指挥体系。二是健全制度机制。坚持"汛前排查、汛期巡查、汛后核查"的动态巡排查机制，制定《险情巡查制度》《监测预警制度》《灾害速报制度》等十余项规章制度，从制度上保证地质灾害防治工作有力有序开展。三是强化责任落实。细化乡（镇）、部门防灾责任，层层签订责任书，形成一级抓一级、层层抓落实的防灾责任体系。同时，将地质灾害防治工作作为考核的重要指标之一，严格落实奖惩制度。对因履职不到位导致人民群众生命财产受到损失的单位和责任人，严肃处理，绝不姑息迁就。

3. 做到群测群防到位

丹巴县在灾前充分做好思想意识，加强学习灾害治理知识，强化

图 3–4　志愿者疏散泥石流高风险地区群众

地质灾害宣传教育，一是将每年四月定为"地质灾害防治工作宣传月"，采取"城镇集中、乡村分散"相结合的方式，重点对外来务工人员、乡村群众、学校师生开展宣传教育，定期组织专业人员对当地居民进行地质灾害科学预防知识与自救技能的培训学习。二是全县干部职工以群众工作和"走基层"活动为平台，走村入户当好地质灾害防治宣传员，通过发放宣传资料、面对面交流等方式，向群众宣传地质灾害防治知识，提高群众识灾、防灾、避灾的自防意识和自救能力。三是充分利用县广播电视、手机短信、微博微信等载体广泛宣传防汛知识，采用流动宣传车、召开坝坝会、播放宣传片等形式增强宣传效果，着力营造全民参与地质灾害防治工作的浓厚氛围，构建起"人人都是巡查员、人人都是监测员"的良好工作格局。

4. 做到监测预警到位

丹巴县通过建强一支认真负责懂业务的队伍，做好监测监控、预测预警、信息报告、辅助决策、调度指挥和总结评估等工作，一是从乡村人员中聘请地质灾害隐患点专职监测员，实行一年一签合同制，每个监测点每年落实 3000 元监测补助，实现由义务监测向专职监测转变，同时集中对地质灾害隐患点监测员开展业务培训，不断提高其识灾、防灾业务能力。二是聘请省州汛期地质灾害防治督导组技术骨干，以乡镇为单位，重点普及乡镇分管领导、国土员、辖区内在建工程项目地质灾害防治负责人、村支两委干部、地质灾害隐患点专职监测员、受地质灾害隐患威胁的中小学校相关负责人的地质灾害应急知识，全面提高其预防、避险、自救、互助和减灾等能力。三是充分发挥群测群防监测预警体系和网络的作用，县国土、水务、气象等部门实行资源共享，充分利用先进的自动雨量监测器、丹巴县山洪雨量站监测网络为科学技术支撑，结合省、州地灾防治指挥部和气象局开展的地质灾害气象预警预报工作成果，及时将雨情、水情信息发布到全县每个科级以上领导及各地质灾害隐患点监测员，开展气象预警预报工作，当出现强降雨或持续较强降雨等不良天气时，应引起高度

图 3-5　森林草原防火宣传

重视，县、乡、村应及时向当地居民发布灾害预警信号，组织村民避险，以免出现因灾人员损伤。

5. 做到应急处置到位

丹巴县打破常规指挥体系，建立完善创新机制，一是完善应急预案。根据灾害隐患点实际，实行"一点一案"，提高预案针对性和操作性。及时更新和发放地质灾害防灾明白卡和避险明白卡，让群众对灾害动态了然于胸。二是强化应急演练。把地质灾害应急演练作为工作重点，突出演练重点，注重方式创新，在所有乡（镇）、水电开发矿山企业和部分学校，定期组织开展"防、躲、跑"专项演练，让群众准确掌握预警信号，知晓安全撤离避让方向、路线和注意事项。三是下放临灾处置权。针对地质灾害突发性强、应急避灾时间短的特点，将临灾处置权下放到一线，确保第一时间预警、第一时间转移群众。四是实行流动人口动态掌控和弱势群众救助包户制。针对外来务工人员较多、人口流动大的特点，所有在建工程均做好人口流动的动态登记。党员干部、村组干部对无人照管的儿童、老人、残疾人等弱势群体实行一对一帮扶，确保避险撤离"不漏一户、不留一人"。五是创新预警方式。针对敲锣打鼓、呐喊等传统预警方式在山区预警作用受局限的实际情况，丹巴县监测员还创新了预警方式——燃放烟花和冲天炮，这不仅更容易被老百姓听见、看见，烟花的焰火还能在黑夜中照明路线，便于群众撤离。

6. 做到工作保障到位

丹巴县举全县之力，推动工作部署，保障灾害治理工作安全进行，一是组建应急抢险队。成立突发性地质灾害应急抢险队38支420人，随时整装待命。在灾害发生时，统筹协调交通、水利、广电、电力、通讯等部门，抽调人员、调集设备，抢修灾区基础设施，

图 3-6　泥石流受灾房屋消杀

图 3-7　泥石流受灾群众安置点环境消杀

积极恢复灾区水、电、路、通讯、广播电视等，有效保证受灾群众正常生活。二是加强防灾基础建设。先后投入1000万余元，建成自动雨量站15处、简易雨量站100处、无线广播55处、自动水位站2处、视频站2处、气象站3处，保证汛期"三通"。三是落实防汛减灾专项物资。将应急抢险经费纳入财政预算，汛前为各乡（镇）和相关部门及时拨付防灾专项经费，为相关职能部门配备应急专用车，各乡（镇）配备警报器、救灾帐篷、粮油、棉被、照明灯、急救药品等防灾物资，确保受灾群众"有饭吃、有水喝、有住处、有衣穿、有医看"。

7. 做到工程治理到位

在灾害发生前，丹巴县通过工程治理来排除灾害隐患点，做好预防监警措施，在灾害发生后，通过抢险治理工程，及时疏通要道，排除危险，避免灾后发生再次伤害，在省、州的大力关心和支持下，丹巴县按照"1+5"（1个中心，即县城；5个片区，即金川、小金、大桑、东谷和大渡河片区）的全域治理思路，全面开展小流域综合整治、应急排危除险、专业监测、应急能力建设等工作，基本完成主城区和各小流域重大地质灾害隐患点的工程治理或搬迁避让，对其他隐患点积极开展专群结合的监测预警，实现灾情、险情得到及时监控和有效处置的目标。特别是干桥沟、骆驼沟等泥石流治理工程和主城区双拥路后山危岩应急抢险工程因治理及时，充分发挥了工程防护作用，有效确保了人民群众生命财

图3-8　四川省地矿局指导县小流域治理工作

图 3-9　泥石流缝隙坝建设

产安全，受到当地群众的好评，具有良好的社会效益。自 2010 年以来，丹巴县组织实施并完成了近 20 处地质灾害治理工程，经受了汛期检验和芦山"4·20"、康定"11·22"地震的考验，有效防控了险情，彰显了良好的治理效果，确保了广大受威胁群众的生命财产安全。

2014 年至今，丹巴县以全面贯彻落实省委、省政府提出的"地质灾害综合防治体系建设"理念和县委、县政府"全域治理"思路为代表，逐步建立和健全了群测群防监测预警体系，开始启动实施"专""群"结合的监测预警体系建设，并通过实施避险搬迁、应急排危除险、重大工程治理、重点场镇和小流域综合防治、应急能力建设等系统性的工程对地质灾害进行防治，国家和政府投入了大量的资金，同时也取得了良好的防治效果和社会效益，为维护社会稳定、促进社会经济正常健康发展起到了不可磨灭的作用。据统计，自 2014 年以来，省、州投入到丹巴县开展地质环境防治的资金达 3.92 亿元。

（三）"脱贫攻坚＋生态建设"双赢局面

丹巴县通过地质灾害治理工作开创了生态改善和脱贫攻坚双赢新局面，遏制因灾致贫风险，减少因灾致贫脆弱性，实现一方水土养活一方人。同时抓好生态改善、绿色发展，发挥好长江上游生态屏障重要防线作用，用灾害防治实际行动助推生态环境保护和脱贫攻坚双赢。

1. 灾害防治取喜人成绩，助力脱贫攻坚赢

通过地质灾害工程治理的大力实施，丹巴县地质灾害的危害已有所减弱和控制，近年来县内地质灾害频发及呈上升的状况已大有改

图 3-10 东谷乡地质灾害治理现场

观，给脱贫攻坚工作带来巨大收益。2017 年 6 月，丹巴县发生持续强降雨天气，大渡河流域发生"6·15"特大洪灾。受连日持续强降雨天气影响，县内共发生 7 起小型地质灾害（泥石流 3 起、滑坡 4 起），可见地质灾害防治已初见成效。

治理后的东谷乡二卡子沟、县城干桥沟等泥石流沟内，一座座栏档坝、停淤坝高高矗立，再加上消能坎、排导槽等工程措施，大幅度削弱了泥石流的强度和流量。遍布全县的地质灾害治理工程不仅治理了丹巴的山山水水，更为美人谷秀丽的山川增添了一处处壮观的地质工程景观。

2.监测预警经受考验，促进生态保护"赢"

由于地理地质原因，人类无法阻挡自然灾害的来临，在自然灾害面前，人类总是渺小的，但依然可以铸就庞大力量来抵御风险，防患于未然，尽最大能力避免自然灾害带来的损失，这一点监测预警系统做到了。监测预警系统通过实时监测、准确预测以及及时报警体系，在自然灾害来临之前就做好了预备措施，及时警报撤离群众，保障当地群众财产生命安全。完善的监测预警体系在地质灾害防治工作中成效显著，2013 年至 2016 年，丹巴县发生 58 起较大规模的地质灾害，成功预报预警 16 起，紧急转移避让 7000 余人，使 1860 人得以避免可能因地质灾害造成的伤亡，强化防汛抗洪工作，最大程度地减少生命财产损失，丹巴县的监测预警系统在重大自然灾害中经受住考验，铸就抗洪辉煌。

总体上讲，通过地质灾害防治措施以及重大项目顺利实施，丹巴县自然生态系统得到保护，生态安全屏障基本建成，生态产品供给能力明显提高，生态经济长足发展，在此基础上，贫困人口发展绿色生态产业，人均收入显著增长，全县贫困人口脱贫路径更加顺畅，返贫措施更加巩固。

二、生态治理，打牢全域旅游根基

地质灾害得到良好治理，才能促进生态文明建设。习近平总书记在北京世界园艺博览会开幕式上强调，生态治理，道阻且长，行则将至。我们既要有只争朝夕的精神，更要有持之以恒的坚守。建立健全生态环境治理体系，提升生态治理能力是生态文明建设的突破口和核心任务，近年来我国生态治理实践取得的丰富成果也证明了新时代生态治理思想符合自然规律和中国国情，是当前中国生态文明建设的重要理论支撑，对于打好污染防治攻坚战，推动形成人与自然和谐发展的现代化建设新格局，不断满足人民日益增长的优美生态环境需要，加快美丽中国建设具有重要指导意义。

图 3-11　牦牛谷省级森林公园

（一）管服融合：丹巴生态建设八大机制

自然生态资源具有涵养水源和保持水土、调节气候、改善空气质量、维持生态平衡和生物多样性等多重功效，并且在环境污染防治和保护野生生物方面具有重要作用，有效预防水土流失、河库淤塞、泥石流等灾害，同时有利于净化空气、杀菌灭病、保护环境。丹巴县结合生态建设扶贫政策，坚持把改善生态和民生作为生态治理和绿色发展的核心内容，将生态建设、绿色发展和扶贫开发相结合，大力实施生态建设八大机制，科学规划，管服融合，实现未来可持续发展。

1. 实施生态建设工程

根据丹巴县生态保护与建设的实际，谋划一批生态保护与建设重大工程项目，丹巴县首先大力实施天然林资源保护公益林建设、森林抚育、退耕还林、道路绿化、庭院及节点绿化、干旱半干旱地区生态综合治理等重大生态工程建设，加快脆弱地区生态治理步伐。其次，落实政策性补助。按照生态建设扶贫政策，足额兑现生态扶贫资金（集体公益林森林生态效益补偿资金；退耕还林补助资金；草原生态保护补助资金），从而有效管护集体公益林。再次，开展人居环境治理。深入推进以大气、水、土壤为重点的污染防治工作。加强农业面源污染防治，推进农村生活垃圾、生活污水污染治理，做好乡镇集中式饮用水源地保护，开展贫困地区农村环境整治项目建设。最后，严格监督生态管理。督促农牧民对禁牧草原采取强制禁牧措施，严格禁牧管理，确保禁牧效果，加快严重退化草原生态恢复。继续在可利用草原中采取减畜平衡、完成超载减畜计划的牧户兑现奖励资金并积极探索牧区畜牧业提质转型。

图 3-12 人工植树造林现场

2. 落实生态公益岗位

结合国家和省级专项资金以及社会力量出资，丹巴县落实一批生态护林员公益岗位，以行政村为单位，在 15 个乡（镇）从建档立卡贫困户中选聘村生态护林员、草管员 1600 余名，让有劳动能力的建档立卡贫困户参与森林、湿地的管理巡护和森林草原资源管理，获取劳务报酬，在确保贫困群众通过生态保护就业增收的同时，依法加强草原保护。明确中央财政自然保护区和湿地管护补助资金用于临聘贫困人口的比例，指导督促各林业有害生物中心测报点在贫困人口中选聘一批林业有害生物兼职测报员，落实各级财政对农村环境基础设施运行维护补助制度，确保生态项目的落地实施。另外，加强生态护林员和草管员培训、花椒核桃栽植技术培训、高山人工造林技术、森林防火安全知识培训、高山彩林花卉种植技术培训、病虫害防治等各类培训，发放培训相关宣传资料，不断提高业

图 3-13　丹巴县建档立卡贫困人口生态护林员选聘工作安排部署会

务能力，提升生态文明建设意识。

3.组建造林专业合作社

丹巴县深入推行由脱贫攻坚造林合作社承担造林任务的生态扶贫新机制，指导组建脱贫攻坚造林合作社，让更多的贫困群众直接参与造林绿化工程等生态建设，着力把造林合作社打造成生态治理与农牧民增收的桥梁；另外，发展特色林果产业促农增收，初步实现群众增收和环境绿化双重效益。同时，结合出台全县支持农牧民直接参与重大生态工程建设的地方性政策，鼓励农牧民组建管护队、造林队、防治队，参与政府购买社会化服务，增加农牧民生态建设管护收入；鼓励农牧民有偿转让生态景观资源使用权，参与旅游企业经营等，增加财产性收入和经营收入。

图 3-14 丹巴县召开 2018 年扶贫攻坚造林合作社造林项目议标会

4.加快发展林业特色产业

产业扶贫是解决脱贫的根本手段，是脱贫的必经之路。为助力脱贫攻坚，丹巴县环林局利用林业产业发展资金，在充分征求群众发展意愿的基础上，根据当地土地资源优势、立地条件和长远经济效益，围绕"调结构、提品质、增效益"，大力调整林业种植结构，在优化布局原有经济林的同时，积极推广优质核桃、花椒等特色经济林基地建设，全面提升经济林质量效益，贫困群众的经营性收入有效增加。自 2016 年以来，累计投入资金 656.14 万元，新培育花椒基地 9432.5 亩，新培育核桃基地 3476.8 亩，低产园改造核桃 1142 亩、花椒 7967 亩，新培育优质苹果基地 574.2 亩，发放有机生物复合肥 494.46 吨、修剪工具 5065 套。初步实现群众增收和环境绿化双重效益。同时，丹巴县还成立了林业科技服务小分队，深入扶贫一线，开展林果富民技术培训活动，发放培训资料 1 万余套，培训达 1 万余人次，不断提升技术和经营能力，使林业科技真正服务于贫困林农，有效促进林农、果农脱贫致富。

5. 加强生态用地用途管制

丹巴县根据自然资源差异、现有开发强度、资源环境承载能力、主要生态环境问题和重点保护的生态功能，科学划定生态保护红线，制定生态红线管理办法，严格生态资源监管，坚决打击破坏生态红线行为。在上级主管部门指导下，结合丹巴县实际，科学制定生态用地项目禁限目录，控制城乡建设使用生态用地，限制工矿开发占用生态用地，确保全县生态资源不减少、生态功能不降低、生态环境得到持续改善。

6. 积极推进体制机制创新

丹巴县进一步深化集体林权制度改革，推进国有林场和国有林区改革，完善草原承包经营制度和禁牧休牧巡查制度，加快推进农牧区集体土地所有权、集体土地使用权、国有土地使用权确权登记颁证工作；探索建立庄园式生态牧场或联户经营模式，鼓励支持发展庭院经济；深入推进以林地经营权流转证、经济林木（果）权证、村级农民互助担保合作社为主的林权抵押贷款改革试点，盘活森林资源资产。

7. 构建科技服务支撑体系

丹巴县以生态扶贫工作为契机，通过多种形式培养各类技术人员；加大生态环境监管能力建设的资金投入，建立健全生态环境监管机构，按工作需求配备人员和设施设备。加强生态环境监管人员队伍建设；加强生态环境保护执法队伍建设，使管理水平和服务质量规范化、程序化和标准化。加强优良林（草）种快繁、森林高效培育。加强林业、草原科技标准化体系建设，建立林业、草原科技标准体系。加速科研成果转化利用、提升生态建设和生态保护利用水平和效益。

8. 建立健全生态扶贫考核评价体系

丹巴县建立生态扶贫考核评价制度，将生态扶贫作为政绩考核的重要内容，把资源消耗、环境损害、生态效益增减等指标纳入经济社会发展综合评价体系；始终坚持贯彻环保"三同时"制度；探索编制自然资源资产负债表，对领导干部实行自然资源资产和环境责任离任审计。建立和实施党政领导干部生态环境损害责任追究办法，对造成生态环境损害有责任的领导干部严肃追责。

（二）水绿山青：生态治理成效初显

1. 生态资源得以有效保护

丹巴县围绕"山顶戴帽子、山腰挣票子、山下饱肚子"和"山植树、路种花"工程，2018 年实施管护集体公益林 143.73 万亩，巩固退耕还林 7.9 万亩，兑现集体天然起源商品林停伐补助 18.8 万亩，开

图 3-15　深入各乡镇开展森林资源保护宣传

展森林抚育 1.3 万亩，公益林建设高山人工造林 3 千亩，庭院及节点绿化美化 500 亩，道路绿化（路种花）40 公里，开发生态护林员公益性岗位 571 个，组建脱贫攻坚造林合作社 7 个，开展森林防火能力建设，开展林业有害生物防治建设。林业有害生物成灾率控制在 3‰以下，森林草原火灾损失率控制在 1‰以内。

近年来，丹巴县立足资源优势，以助农增收为目标，坚持生态林业和民生林业两手抓，把退耕还林工程、扶贫攻坚合作社造林、中央财政补贴等项目和精准脱贫有机结合，因地制宜科学实施森林生态扶贫，积极探索林草业生态文化建设的新路子，并取得显著成效，村容村貌发生了翻天覆地的改变，人居环境得到治理，生态环境质量稳步改善，人民过上舒适生活。

2. 人民群众增收奔小康

生态保护政策性资金，是农牧群众重要的政策性收入，是生态效益的最直接体现。自天然林保护工程实施以来，丹巴县认真抓好天然林保护、退耕还林工程，有效管护全县集体公益林 143.73 万亩和国

图 3-16　丹巴荞麦花

有林面积 136.17 万亩，巩固退耕还林 7.9 万亩。通过精准核实补偿对象，每年足额兑现集体公益林、巩固退耕还林成果等林业各类补偿补助资金。仅 2017 年，就通过"一折通"的方式足额兑现集体公益林、巩固退耕还林成果补助资金 2562.03 万元，让广大的农牧民群众在生态保护中直接受益，落实政策性补助让广大林农得以满足，喜悦的心情溢于言表。与此同时，生态环境得到保护也有利于当地群众的生产生活，还促进绿色瓜果产业、林业特色产业优先发展，全面提升经济林质量效益，贫困群众的经营性收入有效增加，实现群众增收和环境绿化双重效益。

三、全域旅游，形成生态脱贫合力

旅游行业的兴起，为落后山区自然资源、生态资源、人力资源的开发和山区人民的脱贫致富带来了新的契机，旅游扶贫正是在这种形势下应运而生。一方面，它给贫困地区的人们带来很大的经济效益，改变了生活；另一方面，带动当地就业发展和生态建设，促进乡村振兴。因此，丹巴县各级各部门统一思想，增强政治意识和责任意识，高度重视旅游扶贫工作，充分认识到旅游扶贫助推脱贫攻坚的重要作用，将旅游扶贫工作纳入全域旅游示范区创建工作中来，统一安排部署，统一推进实施，加强与州级部门的对接，形成合力，进一步强化统筹协作，深入推进创建国家全域旅游示范县和天府旅游名县各项工作。

（二）多旅结合：丹巴旅游扶贫三大合力

旅游是一种低投入、高产出、带动力强的产业，是促进农村经济

图 3-17　丹巴春色

增长的重要渠道，在扶贫方面具有见效快的优势。丹巴县旅游扶贫主
要从旅游行动、多旅结合以及社会帮扶的角度出发，将生态旅游与绿
色减贫紧密结合，从而实现旅游产业带动贫困地区农户增收的目的。

1. 旅游行动促扶贫

结合丹巴县脱贫攻坚任务和全县文化旅游工作实际，实施旅游扶
贫行动，围绕旅游扶贫示范品牌创建、景区开发建设和提档升级、旅
游公共服务示范项目建设、旅游宣传推介、旅游人才培养等内容，重
点推动创建省级旅游扶贫示范区、省级旅游扶贫示范村、乡村民宿达
标户和开展旅游从业人员培训建设。一是创建旅游扶贫示范品牌。首
先，整合其他项目资金，通过示范区创建，完善游客咨询中心、停车
场、旅游厕所、标识标牌等部分配套服务设施建设，创建省级旅游扶

贫示范区，有效带动贫困人口参与旅游业增收脱贫。其次，通过示范村创建，进一步完善和提升村内的停车场、旅游厕所、旅游标识标牌、垃圾桶等配套设施，创建省级旅游扶贫示范村。最后，大力推进有条件的农户开展乡村旅游接待服务，结合藏区新居、对口援建等项目，对从事乡村旅游经营的农户实施改厨、改厕、改房、整理院落为主要内容的"三改一整"工程，提升改善旅游接待条件，创建民宿达标户。二是景区开发建设和提档升级。强力推动甲居景区、中路景区和梭坡景区提质升级工作；抓住文化和旅游资源普查的契机，依托我县国家、省级文物保护重点单位、博物馆、纪念馆等积极申报创建一批旅游景区，推动文化与旅游融合发展。三是旅游公共服务示范项目

图 3-18　民宿环境打造

图 3-19 成华援建的甲居藏寨景区游客中心

建设。首先，推进国省干道沿线综合服务体建设，完善停车场、旅游厕所等工程。其次，依托省高原藏区旅游扶贫促进中心力量，及时为丹巴县乡村旅游规划设计、乡村旅游品牌创建、乡村旅游项目论证策划、项目建设和运营管理等方面提供智力和技术支持，完成贫困村旅游扶贫公益规划。四是旅游宣传推介。筹划办好四川甘孜山地旅游节、嘉绒风情节及系列配套活动，通过实施旅游节庆活动，以节促旅，不断完善旅游发展新业态，强化丹巴县旅游业宣传和营销，着力提升丹巴县"古碉·藏寨·美人谷"的知名度和美誉度。五是旅游人才培养。以省、州、县多级培训的方式开展旅游从业人员培训，2018年累计培训旅游从业人员 700 人次，并在 A 级景区、大型酒店、涉旅企业、星级乡村酒店等开展旅游从业人员佩证上岗工作。

2. 多旅结合促发展

丹巴县推动旅游业与农业产业、文化产业、娱乐产业以及股份合作社的深度融合，加大"酒、肉、茶、菌、果、蔬、水、药、粮、油"特色旅游商品开发力度，全力打造"古碉·藏寨·美人谷"等品牌，培育一批品牌旅游商品，提升丹巴形象，支持旅游产业发展，重点景区加快乡村旅游扶贫示范村建设，有利于旅游发展带动贫困地区增收致富。

推进农旅融合，发展休闲农业。积极推进农旅融合，大力发展休闲农业，建设兼具农业产业、观光休闲、生态效益的花果飘香、特色浓郁的美丽田园，形成农业、旅游、生态融合发展新格局。在聂呷乡高顶一村、革什扎乡吉汝村、中路乡李龙村、梭坡乡泽公村、巴底乡

图3-20 丹巴旅游新变化

图 3-21　春天的藏寨

邛山一村、东谷乡牦牛村等贫困村积极发展乡村旅游业。同时，加强农业种养殖、农副产品加工与藏羌文化、休闲服务的融合，努力建设"中国最美乡村"，着力发展一批省级休闲农业示范乡、村，努力把丹巴县建设成为全国休闲农业示范县。

推进特色文化旅游发展。挖掘利用丹巴县特色文化资源，深入推进文化与旅游融合，大力发展文化旅游。着力建设一批文物旅游景点、特色文化旅游村寨，发展观光体验、演艺娱乐、休闲服务等业态。重点建设中路古文化遗址、梭坡—中路古碉群、巴底土司邛山官寨等文物旅游景点，甲居、中路、梭坡、布科、二道桥、丹东、莫斯卡、邛山村、牦牛村等特色文化旅游景观藏寨，建好文化旅游基础设施；挖掘利用丹巴嘉绒民俗风情和"嘉绒年"、墨尔多山"转山节"等传统民俗节会发展文化旅游，继续办好"丹巴嘉绒藏族风情节"文化旅游节会，积极培育适应夏季避暑休闲旅游市场的"丹巴嘉绒文化乡村旅游节"，促进文化旅游加快发展。同时，加快推进丹巴县文化旅游商品开发，以扶贫为目标，以促进新农村和美丽乡村建设为途

	图 3-24	图 3-25
图 3-22		
	图 3-26	图 3-28
图 3-23		
	图 3-27	

图 3-22　山地旅游节

图 3-23　举办嘉绒藏族风情节

图 3-24　嘉绒步行街锅庄汇演

图 3-25　聂呷乡黄金周旅游接待

图 3-26　感恩党、赞生活——乡村文化活动

图 3-27　东郊记忆举行山地旅游文化节

图 3-28　民宿改造——卓玛之家

图 3-29　美丽丹巴

径，挖掘、抢救、弘扬传统民间工艺技术，有效利用乡村资源，扩大就业，带动地方农副业、加工制造业和商业的发展，促进扶贫增收。

积极开发演艺娱乐产品。结合发展文化旅游，深入挖掘"美人谷"文化底蕴，充分利用特色民俗风情、非物质文化遗产项目等文化资源，积极开发文化演艺、民俗旅游项目产品。进一步提升"东女神韵"民族歌舞演艺品牌形象，打造兼具出访、巡演、旅游演出功能的民族歌舞演艺产品。鼓励旅游协会、旅游企业组建演艺队伍发展演艺产业，引导有条件的重点村寨景区开发可供游人观赏、参与体验的民俗旅游娱乐系列项目，丰富文化旅游产品、增强游人文化体验。

试点旅游股份合作社。丹巴县探索资产收益扶贫模式，引导贫困村将集体资产，贫困户将承包土地和个人财产入股，采取委托经营、合作经营等方式，确保贫困村和贫困户多渠道增收。在中路、梭坡、甲居、党岭等旅游资源丰富的地区，把乡村旅游作为扶贫开发的重要手段，试点成立"乡村旅游股份合作社"，让更广大的贫困户真正融入到乡村旅游中来。开发后获得的利润又通过股份分红的形式返利给大家，通过入股模式来带动扶贫开发，积极培养旅游接待示范户，促进当地农牧民脱贫致富。

3.社会帮扶促奔康

成华区，成都市的中心城区之一；丹巴，川西高原的偏远县。2012 年，成华区与丹巴县"牵手"，两地积极探索推动藏区跨越发展的新路子。近年来，成都市成华区战略性将全域对口帮扶重心从"输血式"扶贫攻坚转移到"造血式"产业富民上，逐步走出规划带动、项目推动、营销拉动、产业联动、机制驱动的全域旅游促进全面小康新路子，打造以产业富民为支撑的全域帮扶升级版，以全域旅游助推甘孜州丹巴县形成产业脱贫新路径。

（1）突出"三性"，打好"全域旅游促全面脱贫"整体战

突出规划引领性，构建全域旅游开发崭新格局。为彰显丹巴"美人、美景、美食、美居"四美特质，成华区携手丹巴做优全域旅游规划体系，深挖活用自然资源和文化遗产，加快打造全省独具魅力的藏区旅游明珠，积极争创四川天府旅游名县和中国全域旅游示范县。2015 年以来，在全省率先成立区属国有华天文旅公司对口扶持丹巴旅游发展，两地协作高水平编制《丹巴县全域旅游发展策划方案》《甲居景区总体规划》等"1+N"规划体系，谋划打造丹巴"一芯六线五区"梅花型全域旅游发展格局（即以集成打造丹巴旅游服务中心为芯，以梯次构建邛山村、中路等六条旅游轴线为茎，以统筹打造甲居民居风貌及土司文化、中路藏寨田园及苯教文化等五大主题旅游区为瓣），有力推动丹巴旅游业健康蓬勃发展。截至 2018 年底，丹巴旅游业对GDP 贡献从 2012 年 11% 增长到 26%，累计创造就业岗位 4200 余个，带动 500 余户近 1500 名贫困群众脱贫致富。

突出项目支撑性，抓实全县旅游升级六大行动。为确保全域旅游发展任务落地生根，携手丹巴攻坚交通畅行、配套提升、产业培育、文化振兴、环境打造、人才强基六大行动，成华区累计投入 3.3

亿元，先后实施项目 153 个，有力推动丹巴旅游发展环境、文旅产业水平和持续发展后劲明显提升。在全域旅游环境营造方面，协助丹巴基本贯通"主干道——次干道——支路"三级旅游路网、实现公路村村通，投入 1.59 亿元援建了县医院综合大楼等重点配套项目 21 个，实现旅游配套、城市功能双提升；在文旅产业发展振兴方面，携手丹巴活化了嘉绒文化、东女文化等特色文化资源，用 1.3 亿元政府援建资金撬动 20 多亿元社会资金参与丹巴旅游大开发，助力丹巴荣获中国历史文化名村、四川旅游强县等；在持续发展后劲培育方面，帮助丹巴开展职业技能培训 2300 人次、培养旅游从业人员 345 人，投入 2228 万元实施环境整治 68 处、完成房屋"五改三建"3307 户，携手丹巴狠抓全域旅游管理服务提升，擦亮了丹巴"中国最美乡村"区域品牌。

突出营销广泛性，擦亮"全省旅游强县"金字招牌。为提升丹巴旅游发展影响力，助力丹巴借势融入全省旅游大发展，初步实现 3 条

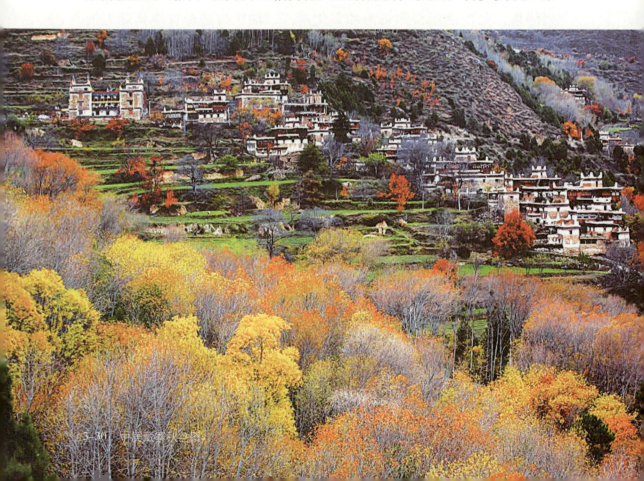

3-30 中路藏寨秋色图

图 3-31　人间仙境——丹巴

乡村旅游精品线路与川西旅游环线、大东国际旅游环线等 4 条生态文
化旅游环线"道路贯通、景点融通、客流互通"，仅 2019 年 1—6 月
就吸引 88.5 万人次游客进入丹巴，辐射带动聂呷等 11 个乡镇近 5000
余名群众致富增收；助力丹巴借此投身全国旅游大舞台，帮助丹巴在
全国重点城市召开旅游推介会 24 场次，协助丹巴承办"甘孜州第四
届山地旅游节"等大型节会 30 余场次，累计吸引游客 160 余万人次，
有力推动"丹巴嘉绒藏族风情节"跻身四川十大名节、获评国家"群
星奖"；助力丹巴借台用好全球旅游大市场，协助丹巴做好旅游线上
全球化营销，在各级主流媒体和各类新媒体推出报道 500 余篇，在成
都电视台开设《寻美丹巴》专栏，与抖音、携程等自媒体及网红、大
V 合作推介丹巴特色文旅活动 100 余次，年均吸引境内外游客近 100

图 3-32 莫斯卡远景风光

图 3-33 丹巴县半扇门乡惠民演出

万人，打开了一扇让丹巴"古碉·藏寨·美人谷"品牌走向世界的新窗口。

（2）坚持"三高"，打好"全域旅游促全民增收"主动战

高标准完善吃住行配套，让旅游产业立起来。抢抓丹巴被列为全省乡村振兴规划编制试点县等机遇，协助丹巴高标准构建旅游路网、"川菜＋藏餐"餐饮品牌、"酒店＋民宿＋藏家乐"住宿体系，努力让游客来得顺心、住得称心、吃得舒心。目前，成华区投入 1.5 亿元援建甲居成华路等骨干道路 15 条，通过精准就业扶持培训藏餐厨师 240 人、协助开办特色藏餐店 22 家、协助推出"丹巴八味"藏餐系列品牌，初步打造了"3 家星级酒店 +24 家省级乡村星级酒店 +18 家中档酒店 +88 家特色民宿"住宿格局，基本形成"快旅漫游"服务体系，2018 年丹巴餐饮住宿业实现产值 1.35 亿元、同比增长 10%、带动丹巴人均增收 2000 余元。

高品质构建"游购娱"场景，让旅游经济活起来。以助推丹巴打

图 3-34　成华援藏工作组招商引资新建的宝生居民宿

图 3-35　中路藏寨

造特色精品旅游路线为牵引，通过"以奖代补"方式促进丹巴土特产增量提质，协助创编丹巴本土精品文化节目，让游客享受"游藏寨、看歌舞、赏节会、购特产、留回忆"等美好体验。

目前，成华区协助丹巴初步打造呈现出甲居、中路、梭坡三大旅游门户，建成投用丹巴嘉绒新城等特色商街，扶持成立嘉绒文化演绎公司、创作出《美人谷》等蕴含嘉绒文化的歌舞剧，配合丹巴推出"黄金荚""美人红"等一批"土品牌"。2018 年，丹巴旅游收入达 11.5 亿元，为 2011 年的 5 倍，带动特色农牧业产值同比增长 25%，新增稳定就业 1200 人。

图 3-36 嘉绒藏族传统手工艺

高起点植入"养情奇"元素，让旅游魅力强起来。积极探索"养生游""情感游""探奇游"等新领域，携手丹巴共同擦亮全国"最具风情美人谷、最佳阳光康养目的地、最奇古碉群落、最绝藏寨观赏地"等文旅名片。

近年来，成华区配合丹巴先后推出"游"甲居最美藏寨、"寻"党岭原始秘境、"探"梭坡千碉奇景、"品"聂呷——章谷——东谷红色记忆、"泡"丹东养生温泉等精品体验项目。2018 年游客数 115 万人次、增长 20%，其中过夜游客数 80 万人次、增长 35%。尤其是成华区斥资 6000 万元成功把甲居藏寨打造成丹巴首个国家 AAAA 级景区，促进该景区旅游收入 5 年增长 5 倍，获评"中国最美藏寨"等殊荣，受到省委高度肯定。

（3）聚焦"三化"，打好"全域旅游促全面小康"持久战

构建常态化推进机制，开创旅游富民新局面。强化产业扶贫"一盘棋"推进机制，将产业扶贫作为对口帮扶的重中之重、将旅游开发作为产业扶贫的主攻方向，制定实施旅游帮扶任务、项目、工作"三张清单"，近 3 年，成华区党政"一把手"赴丹巴对接产业扶贫 9 次，各部门与丹巴对接产业帮扶工作 130 余次。压实产业扶贫"一条链"责任机制，健全"领导小组统筹——指挥部牵头——援藏干部和华天文旅公司负责——职能部门协作"的工作责任链条，将扶持丹巴产业发展纳入全区目标管理，有力推动 110 余个产业帮扶项目落地落实。

完善精准化帮扶机制，汇聚群众奔康新合力。健全"党组织结对"精准化帮扶机制，推进全区街道（社区）、职能部门与丹巴乡镇（村社）、相关部门党组织"一一结对"，年均投入 550 万元精准扶持结对乡镇旅游业发展，促进"巴底邛山土司官寨"等精品项目落地落实。建立"先富带后富"滚雪球帮扶机制，协助丹巴培育党员致富带头人 145 名，鼓励引导"一个党员致富带头人带活一个特色项目带富一批贫困群众"引领帮扶模式，两地携手打造特色民宿及藏家乐 45 家、特色养殖场 59 处，带动 510 户 1650 余名贫困群众脱贫致富。

图 3-37　夜幕中的丹巴高端网红民宿

探索市场化运营机制，拓宽产业增收新渠道。创新"产业＋就业"稳定增收机制，扶持甲居等景区龙头企业采取"租金＋薪金＋股金"模式变农民为"房东""员工""股东"，引进专业团队与丹巴共建共营"双创"实训基地，先后培育出"嘉绒刺绣""婚礼管家"等创业就业项目，累计帮助 5000 余名群众实现增收。探索"市场＋农场"长效增收机制，扶持采用"龙头企业＋合作社＋农户"模式打造中藏药等种植基地 2443 亩，引导 30 家企业和协会投入 5000 万元扶持丹巴农牧业发展，协调 13 家实力企业和 9 家超市门店、17 家直销店为丹巴提供线上线下产品销售服务，助推丹巴 2018 年实现农牧业产值 5 亿元，上万名群众从中长期受益。

在成华区的有力帮扶下，丹巴县旅游发展迅速，如今的"古碉·藏寨·美人谷""丹巴牦牛谷风光""东女国故都""大渡河畔第一城""天然地学博物馆"等旅游形象品牌崛起，已成为丹巴旅游的代名词。成都市成华区等 100 个集体荣获 2018 年"省内对口帮扶藏区彝区贫困县先进集体"，成华区帮扶工作有效助力丹巴县实现乡村振兴、全面奔小康，续写了"成华丹巴一家亲"的佳话。

（三）旅游扶贫成效

丹巴县利用独特的自然资源，因地制宜，打造亮点、架设平台，在加快旅游产业发展、加强旅游合作等方面出实招、办实事、求实效，进一步为丹巴全域旅游发展铺路造势，增强当地经济社会发展的"造血功能"，提高丹巴自主发展、长期发展能力，以其自身优美的自然风光和独特的民族文化，吸引着来自全球各地的游客纷至沓来。

总体而言，丹巴通过结合生态保护和旅游开发，促进脱贫攻坚和乡村振兴，已然成为丹巴县脱贫奔康的有效路径。在旅游促进当地群众脱贫增收方面，甲居藏寨"旅游＋扶贫"模式为丹巴县乃至全州、全省甚至全国大力发展乡村旅游提供了成功的经验。当地通过开展"民居接待"模式，鼓励动员"旅游民居接待示范户"通过政府贴息贷款，实施房屋"三改一建"工程，带动了80%的农户参与旅游服务行业，自2014年以来，在当地县委、县政府的领导下，丹巴旅游业快速发展。2018年，不管是餐饮业收入、旅游收入还是旅游对GDP的贡献程度都显著上升，并且增加大量就业岗位，带动当地就业。

此外，成都市成华区对口帮扶丹巴县旅游扶贫项目，不仅改善了村镇生产生活条件，优化了农村人居环境，同时还推进了新型城镇化建设，促进了城乡协调发展，改善了旅游发展环境，因此在外援帮扶和内源增长的力量之下共同促进丹巴全域旅游产业发展，不断提升丹巴在全国乃至世界范围内的城市形象和知名度，在全力协助对口地区打赢脱贫攻坚战方面当好标杆、做好示范，为丹巴长足发展作出新的更大贡献。

四、铺就高山峡谷里的脱贫致富路

  丹巴县地处高山峡谷地带，村寨多分布在 5 条沟的高山或半高山地带，交通建设造价高，自然灾害多导致临养护战线长、难度大。精准扶贫以来，在县委、县政府领导下，丹巴县以"补短板、固成果、强管养、重服务"为着力点，大力实施"交通先行"战略，坚持以交通扶贫攻坚和民生改善为重点，加快推进交通基础设施建设。积极协助加快推进国省干线公路提档升级，大力建设"四好"农村公路，完善公路管养设施，努力构建内畅外联的交通网络，推进"建、管、养、运、安、绿"综合交通发展，更好服务于丹巴经济社会发展，为建设美丽生态和谐小康新丹巴提供快捷安全畅通的交通保障。

  据不完全统计，近年来丹巴县通乡公路中央投资达 1.6 亿元，通

图 3-38 丹巴县半扇门乡高山公路全景

村公路车购税补助资金达 6.5 亿元，农村公路路侧护栏 787 公里，投资达到 1.2 亿元，新建、改建危桥改造大小桥梁 81 座，投资达到 6500 万元，加上国省干线改造和大修工程，精准扶贫五年时间，国家对丹巴县交通建设累计投资超过 18 亿元，打通了长期制约丹巴经济社会发展的交通瓶颈，交通运输事业翻天覆地。2018 年底，在各级各部门的关心支持下，丹巴县提前实现了通乡油路和通村硬化路两个百分百目标，获得了省交通运输厅关于深度贫困县通乡通村两个百分百以奖代补省级补助资金 1000 万元，包括贫困村在内的全县所有建制村都通上了硬化路。

第 4 章

跟党走沐党恩，
跳起精神扶贫“新锅庄”

一、挖掘红色文化传统，"廉洁＋传统美德"凝心聚力

丹巴县在脱贫攻坚伊始便注重通过内源扶贫深层次化解精神脱贫难题，其核心理念是重视参与式扶贫模式，鼓励群众参与脱贫攻坚伟大事业，从内心激发和行动引导做起。在政策设计中注意处理

图4-1　省扶贫移民局在丹巴县太平桥乡各洛寨村开展扶贫攻坚督导

图 4-2　州扶贫移民局工作组深入太平桥乡开展扶贫工作

好政府、社会帮扶与贫困地区贫困群众自力更生、培育内生动力的关系，确保实现持久稳定有质量的脱贫。把贫困群众的内因激活起来，补齐群众思想的教育短板，强化文明新风教育，鼓励群众自强自立；强化政策法治教育，帮助群众树立法治理念，强化教育引导，让群众有脱贫的迫切愿望。因此，在精神扶贫路径上，丹巴县充分利用发扬丹巴红军革命时期优秀传统，用干部真心打动贫困群众，密切联系群众，与群众拧成一股绳。以创新性文化宣传活动为载体，将干群关系改善、干部群众聚一心的丹巴廉洁文化走到村、串到户、入人心，将群众的力量聚合起来，把力量往脱贫攻坚使，充分调动全域内力量脱贫，形成社会上下良好的同心协力促脱贫的社会氛围，使贫困群众脱贫有希望、有干劲、有信心动力。

（一）以民为本创廉新举，干群齐心协力促脱贫

丹巴县将红军革命优秀传统与藏区民族文化、社会美德相融

合，形成干群鱼水情，齐心协力促脱贫。丹巴县因势利导，因地制宜，充分利用嘉绒藏族深厚的文化底蕴和特色，做到廉政文化与啦啦调相结合、与三句半相结合、与民意民生相结合、与生活琐事相结合，时刻做到楼道有"廉言"，桌上摆"廉卡"，微机显"廉屏"，手中持"廉册"，手机发"廉信"，将"荡两袖清风，拂去心尘坦然，树一身正气，留下口碑伟岸""常修从政之德，常怀律己之心；常思贪欲之害，常戒非分之想""盛情面前慎馋，吃了嘴软；金钱面前慎贪，拿了手软；亲情面前慎软，法不容情；美女面前慎独，祸起色端"等上百句名人名言、格言警语用藏汉双语制作成牌匾、书写成横幅、印刷成手册，悬挂在县各单位、各中小学校醒目处，发放到寺庙。通过手机微信、口头禅等老百姓喜闻乐见、通俗易懂、简便易行的方法将廉洁文化深入到村、组、户和百姓家中、手中和日常的生活中。紧紧依托群众工作、中国梦、群众路线主题教育活动，采取横向到底、纵向到边及干部群众极易接受的方式，编制成歌伴舞、啦啦调、三句半等对廉政文化建设的宗旨、目的、意义、重要性进行演绎和宣传，逐步形成了进门思廉，抬头望廉，手中持廉，处处学廉的良好氛围，充分打造和推出集嘉绒藏民族特色、丹巴文化特色、县干部群众喜闻乐见的廉政文化精品，很好地展示了美人谷——丹巴廉政文化建设的显著成效，形成了极具地域风味的廉政文化建设新举措、新方法。

（二）廉政工程建设为民之师，引领贫困群众核心价值

丹巴在开展乡镇、村和户以及学校、寺庙的廉政文化宣传中，借力打力，以当地文化为积淀为抓手，充分利用民间谚语和习俗通用语言，坚持学习借鉴与因地制宜相结合、传统与创新相结合，全力推行廉政文化进机关、进社区、进学校、进企业、进农村、进家庭、进景区、进医院"八进"工程和"一二三四五"试点工程，即

一个教育基地、二个廉政文化乡镇（反分裂维稳重点乡、经济发展重点乡）、三家示范单位（提高行政效率好、规范项目管理好、政风行风评议好）、四个示范村（领导班子团结、村务公开全面、新型组织试点、民主监督良好）、五户示范牧户。逐步将廉洁从政思想与职业道德、家庭美德、社会公德有机融合，凸显丹巴干部职工的精神风貌，规范干部言行举止，努力打造丹巴精品廉政文化建设工程，全力打造"务实、高效、清廉、为民"的廉政文化建设队伍。由此丹巴县形成了反腐倡廉三句半"十八大报告讲廉政、要坚定不移地反腐败、拒腐防变必须警钟长鸣、忘不得。哦，忘不得！""金奖银奖，不如老百姓的夸奖；金杯银杯，不如老百姓的口碑！"塑造廉政文化建设为民之师新形象，才能助推美丽、生态、和谐、幸福新丹巴的"丹巴梦"早日实现。

（三）拒腐防变固牢思想防线，廉洁美德走村串户入民心

丹巴在深入打造廉政文化品牌的过程中，将精神文明和物质文明建设有机结合起来，更加注重现实性、实用性（"两性"）；贴近大众、贴近生活（"两贴近"），及时把廉政文化的内容通过浅显易懂、耳熟能详的语言表达出来。老人听了贴心，小孩听了能领会，僧尼听了易懂。在廉政文化宣传中，丹巴县大力发挥特色文化优势，以歌舞唱响反腐倡廉，利用广播电视媒体、广告标语、LED 显示屏、标志路牌、户外广告等形式全方位、多角度、深层次地宣传廉政文化建设的重要性、必要性、紧迫性和时代性，让廉政文化处处生辉。结合工作实际，丹巴县推广开展廉政文化"十个一"活动，即每天一则警示语、每周一条宣传短信、落实一个专职人员、利用好一个平台、创建一个网站、读一本廉政书籍、讲一则廉政故事、学一句廉政格言、唱一支廉政歌曲、交一位廉政好友。在各学校开展廉政

图 4–3　巴底镇俄鲁村开展支部共建共创活动

图 4–4　丹巴县民政局下基层开展专题教育活动

文化进校园"十个一"活动；聘任六名德高望重、清正爱民的老干部作为廉政监督员；开展"树廉洁家风、做廉政帮手、创文明家庭"等一系列活动。学用结合、学以致用，引导广大干部自觉筑牢思想防线、紧绷拒腐防变这根弦。为建立一套教育为基础、制度为保障的廉政文化体系注入新的内容。

截至目前，丹巴县新增派驻纪检组织 50 个，设置廉政文化大型户外永久性广告两副，永久性标语 20 余条，创建廉政文化示范点 22 个，安装电脑廉政屏保 200 余台，深入打造极具浓郁嘉绒特色的东谷河、小金河廉政文化示范长廊，征集意见建议 20 余条。发放宣传手册 3000 余份，制作宣传专栏 80 余个。开展廉政文艺演出 20 余场，拍摄专题片一个，收看爱国主义电影两次，人员达 1000 余人。发送廉政短信、警示语达 9583 条次。营造出了一个风清、气正、为公、清廉的廉政文化环境，很好地助推了美丽、生态、和谐、幸福的新丹巴的大繁荣大发展。

二、挖掘嘉绒民族文化，"润育工程"振人心提志气

思想文化与精神扶贫紧密相关，思想文化扶贫是精神扶贫的重要组成和支撑体系。文化扶贫是指文化和精神层面上给予贫困地区以多种形式的支持，从而提高当地人民文化素质，尽快摆脱贫困。文化扶贫是将扶精神、扶志和扶智三者相结合，其核心在于精神引领贫困地区文化价值，在增强贫困地区文化自信方面发挥精神性作用。文化扶贫能有效提升贫困地区人民的思想文化素质和科学技术水平，改善贫困人口与现代社会不相适应的习俗、心态及价值理念体系，重构其文化价值和思维观念，为持续、彻底扭转贫困面貌创造条件，是促进贫困地区经济发展、改变贫困地区经济结构、改善贫困地区人民生活的

关键所在。

丹巴县为打破贫困文化的怪圈，充分利用和挖掘嘉绒文化在精准扶贫中贫困群众精神引领的作用，并赋予在新时代扶贫工作中嘉绒文化的新内涵，通过自上而下的社会风气转换建设、群众感恩教育、丰富村民精神文化活动等方面入手，使丹巴县在脱贫攻坚中形成扶贫干部与困难群众一条心齐发力的源动力。同时，丹巴县创新了文化扶贫方式，通过发动干部与贫困户坐在一个火炉上或院坝边面对面交心谈心、共同参与文娱活动，对群众开展政策、知识文化和文明卫生知识宣讲教育、群众感恩教育，以春风化雨的形式，持之以恒对贫困地区的群众加强自强、诚信、知耻、好学、求新、务实等中华民族美德教育，树立良好的社会风气，培养丹巴县贫困地区群众正确的文化价值、经济思维。

把文化扶贫本质内涵深入到贫困户思想中去，进行思想生活教育，激发其对外界信息主动探索学习的欲望，将贫困户的主观能动性与为其创造的客观条件结合起来，进而有效地发挥精神文化的内源性作用，让贫困户在其他各项扶贫政策实施过程中更具有参与性、创造力和活力。

（一）"小问候"暖寒冬

丹巴县要求每一位干部职工"浸泡"在基层，加大与结对亲戚的沟通力度、慰问力度和关心力度，了解掌握近期农牧民群众思想情况，解决当前急需办理的事情，切实做实事、做好事，将温暖带进每一户农牧民家中，让亲情抵御寒冷的冬天。

（二）"小宣讲"聚民心

由丹巴各县级领导引领，组建司法、群工、法院、党校、民宗、民政、教育等部门的"小喇叭"联合宣讲队，深入乡、村，寺庙等地，以"感党恩、爱祖国、守法制、奔小康"为主题，加大党的十九大精神，省委十一届三次、四次全会、州委十一届六次全会和县委十三届四次全会精神宣讲，结合脱贫奔康、乡村振兴和庆祝改革开放四十周年活动，团结引导农牧民群众，切实达到感党恩、增感情、解难题、促和谐、保稳定的目的。

（三）"小培训"强本领

丹巴县整合人社局、农牧局、文旅广局等资源，充分发挥农民夜校作用，针对不同群体和需求，开展小范围的农业知识、经营管理知识、实用技术、职业技能等强基提能培训，提升农牧民群众的就业技能、文化素养和产业技能，不断增强群众创业本领和致富能力。

图 4-5　县人社局举办藏区千人技能培训班

（四）"小活动"添风采

丹巴县充分挖掘具有本地民族特色的文艺文化，鼓励群众建立自己的文化活动队伍，采取"送文化下乡　自创节目　兄弟乡（村）文化队　结对一家亲出节目"的形式，举办寓教于乐的文艺文化活动，

图4-6　县国土局工作人员深入巴旺乡开展结对认亲活动

图4-7　扶贫移民局干部职工下村开展结对认亲活动

图 4–8　教育体育局与结对村开展联谊活动

进一步密切干群联系，丰富群众精神文化生活。

（五）"小评比"造氛围

以村为单位，按照村民推荐、民主参评、组织考核、张榜公示的方式，开展爱国感恩、勤俭致富、和谐友爱、先锋模范、卫生整洁、遵纪守法、孝老敬亲的评比活动，发放一批性价比高又实用的小奖品提高群众参与热情，逐步形成家家参与创建、户户争创先进的比学赶超浓厚氛围。

（六）"小平台"增实效

进一步完善指尖小平台，开设"学习荐读""丹巴正能量""理论论述"等专栏活动，精选学习内容，传播正能量小故事，打造具有丹巴精神的特色网络平台。发挥结对认亲、驻村帮扶、"第一书记"的作用，加大"丹巴宣传"和"美人谷"微信平台的关注度，扩展覆盖面。

三、"五＋七"教育抓手，培育精神脱贫内在能力

2014 年以来，丹巴县累计为非义务教育阶段贫困学生 5963 人次发放资助金 788.654 万元；为建档立卡贫困家庭的中职和本专科学生 1201 人发放特别资助金 216.15 万元；为 2184 人次建档立卡贫困家庭学生发放县教育扶贫救助基金 284.3417 万元，教育方面的帮扶需求较大。

丹巴县实施脱贫攻坚以来，一方面通过前期深入每户贫困户和每个村进行访谈调研，认识到了教育是根治精神贫困的一剂良药，经过反复询问贫困人口意愿，综合相关政策，反复探索，考虑到扶持的精准和扶持的长期效应，创新性地将"五类教育资助全覆盖"教育扶贫政策与"七长"教育扶贫责任制有机结合，其目标是将贫困学生全部覆盖，针对贫困学生实施精准教育扶持计划，利用教育政策精准覆盖，确保教育不落下一个人；另一方面通过培育引进藏区师资力量、技术人才等人力资源，提升教育扶贫的支撑能力。同时加强丹巴县教育基础设施相关建设，提升教育硬件保障，扩宽教育受众眼界，开阔受众思想和认知视野。总体来说，丹巴县以内援外引、软硬兼施的教育扶贫新举措，建立起县域精神脱贫能力支撑体系，大大提高贫困人

图 4-9　发放学生助学金

口精神脱贫能力和自我发展能力，有效增强其脱贫信心和内生动力。从教育入手"扶智"（精神脱贫能力建设），对各年龄阶段贫困学生进行全覆盖帮扶，从源头阻断代际贫困。

（一）五类资助全覆盖，全程优化突破精神贫困痼疾

1.学前教育资助全覆盖。学前教育免除保教费资金（"三儿"资助资金）和学前午餐补助资金，到 2015 年，已对 1159 名学前儿童实施免除保教费，按照城镇 1000 元 / 生 / 年、农村 600 元 / 生 / 年的标准执行，春季已划拨资金 42.06 万元。秋季期有学前班学生 1159人，划拨资金 18.9 万元，全年共划拨 93.9 万元（其中国家、省资金60.96 万元，县级资金 32.94 万元）。对 1159 名学前儿童实施午餐补助，按每生 3 元 / 生 / 天，每月 24 天，全年按 10 个月计算，所需资金 91.3968 万元。

图 4-10 莫斯卡补偿教学就餐

2. 义务教育资助全覆盖。义务教育阶段学生免除学杂费，丹巴县 2015 年春季期享受人数 7070 人，秋季期享受人数 6576 人，按照中学生每人每年 920 元、小学生每人每年 660 元的标准划拨，共拨付资金 516.96 万元（其中中央、省资金 457 万元，县级资金 59.96 万元）。对义务教育阶段学生实施免除学杂费，寄宿制学生生活补助资金到位 126.097 万元（其中省行动计划资金 29.58 万元），对 4802 名寄宿制学生实施生活补助，每人每月按照 170 元标准执行，已划拨资金 843.43 万元。免教科书费用，为 7070 名义务教育阶段在校生发放免费教科书 7070 套，金额达 481378.9 元，2015 年春季期享受人数 7070 人，秋季期享受人数 6576 人，全年合计资金 97.055 万元。农村义务教育学生营养改善计划，全年所需资金到位 566 万元，补助农村义务教育阶段学生 7070 名，每人每天按照 4 元计算，全年需补助 200 天。免除义务教育阶段在校学生作业本费，按小学 30 元 / 生 / 年，初中生 40 元 / 生 / 年，全年所需资金到位 24.05 万元（其中省级补助

13.7 万元，县级补助 10.14 万元）。高海拔民族地区义务教育阶段学校取暖补助，2015 年享受学生人数 7070 人，每人生均 200 元的标准划拨，共拨资金 148.24 万元。

3. 普通高中教育资助全覆盖。积极落实普通高中家庭经济困难学生国家助学金，丹巴县按（康中、泸中）1200 元/生/年，其他普通高中 1000 元/生/年。2014—2015 学年度普通高中生国家助学金 233558 元（其中中央配套资金 195800 元），县级财政配套资金 37758 元，资助在校高中生 426 人（其中康定中学 10980 元，资助在校高中生 208 人；泸定中学 1887 元，资助在校高中生 36 人；康北中学 1146 元，资助在校人数 21 人；康南中学 47 元，资助在校高中生 1 人；州高级中学 696 元，资助在校高中生 13 人；丹巴县第二中学 9310 元，资助在校人数 180 人）。对 528 名普通高中家庭经济困难学生免除学费共计 104.2 万元。

4. 高等教育资助全覆盖。2014 年非义务教育阶段家庭经济贫困生资助金 99.6 万元，资金全部到位，已全部发放到各位非义教育阶段家庭经济贫困生家长手中。资助高职生 274 人，专科预科 5 人，专科 229 人，本科预科 11 人，本科 30 人，重本 5 人（合计 554 人）。2015 年共资助各级各类非义务教育阶段家庭贫困学生 473 人，其中高职生 142 人，专科生 277 人，专科预科 10 人；2015 年共有 320 人申请助学贷款，其中 314 人审核通过，生源地助学贷款 204.9 万元。

5. 其他类补充资助全覆盖。丹巴县实施"润雨""励耕"计划，以此提高部分扎根乡村教育一线人民教师的信心并鼓励教育工作者投身于民族地区乡村教育，2014 年"励耕""润雨"计划补助标准为每位教师 1 万元，丹巴县共资助 14 位教师，资金到位 14 万元（彩票公益金），全部发放到受资教师手中。艰苦边远地区基层单位就业学费奖补是一项教育民生工程，对促进四川省高校毕业生就业，引导和鼓励高校毕业生到艰苦边远地区基层单位服务具有重大意义。丹巴县高

图 4-11 2018 年，丹巴县莫斯卡补偿教育安置点正式开班

度重视这一民生工程，落实专职人员负责此项工作，并做了大力的宣传工作，确保"该奖才奖""应奖尽奖"。2014 年，丹巴县申报基层就业学费奖补有 26 名审核通过，资金到位 26.506 万元。以转账形式，全部汇入享受学费奖补学生卡上。2015 年有 15 人提交申请，其中 13 人审核通过。2018 年，申报奖补资助的共计 16 人，审核通过 3 人，下达资金 4.61 万元（其中陈同还助学贷款 1.20 万元），实际应发放到学生手中共计 3.41 万元。教育扶贫救助基金，是政府主导、社会参与的公益性、救助性专项资金，为了解决农村建档立卡贫困家庭子女在享受普惠性政策之后，仍然面临就学难的问题，避免贫困家庭子女因经济原因辍学在丹巴县内积极宣传实施。也因此收到良好的效果，教育救助资金初始规模为 500 万元（其中 2016 年省财政拨入 50 万元、捐款 40 万元，县财政拨入 50 万元；2017 年县级拨付 30 万元，成华区援建 50 万元，财政借款 280 万元），2018 年县财政拨付 100 万元，成华区援建捐资 50 万元，共计 150 万元，同时用于归还财政借款。2018 年享受教育救助资金的共计 2454 人（均为建档立卡贫困家庭学生），经县级领导研究，审核部门核定，给

予 2454 人不同层次的教育扶贫救助，共计发放救助基金 248.38 万元（2018 年春季学期 120.33 万元、秋季学期 128.04 万元）。所有资助金均以打卡的形式已发放到位。

（二）教育"七长责任制"，层级把控切断精神贫困链条

抓实控辍保学，严防死守精神贫困漏洞。丹巴县按照党委主责、政府主抓、干部主帮、基层主推的工作格局，建立控辍保学"七长责任制"，强化"依法控辍、行政控辍、扶贫控辍、质量控辍、情感控辍"五项措施，采取随班就读、集中安置等办法将全县辍学的 75 名儿童全部送入学校就读。实现了义务教育阶段达标率 100%、建档立卡贫困户适龄儿童入学率 100% 的"双百"目标。近年来，丹巴县采取强化分流、划片招生等措施，消除大班额 21 个，但是目前丹巴县仍有大班额 3 个，2019 年随着城区小学六年级 3 个大班额毕业后，丹巴县将顺利完成消除大班额的任务。"七长责任制"即在县一级建立县（市、区）长、县（市、区）教育局长、乡（镇）长、村长、校

图 4-12　2018 年 4 月 20 日，召开丹巴县控辍保学工作业务培训会

图 4-13　丹巴中学发放控辍保学宣传手册

长、家长、师长（班主任）等"七长"控辍保学责任制，明确每一个岗位的控辍保学责任，做到责任到人，措施到位，一级抓一级，层层抓落实，该责任制岗位职责具体来讲主要涉及以下几个方面。

1. 丹巴县（市、区）长职责。落实好省政府关于义务教育控辍保学工作要求，检查和督促行政区域内县级政府做好义务教育控辍保学工作；履行本级直属的义务教育控辍保学工作主体责任。

2. 丹巴县（市、区）教育局长职责。履行义务教育控辍保学工作主体责任，健全完善部门协调机制，确保适龄儿童少年入学、复学。突出重点对象，保障建档立卡贫困家庭子女、少数民族适龄儿童少年、残疾儿童少年、随迁子女和留守儿童、残疾人子女、服刑人员未成年子女等特殊群体接受完整义务教育。赋予社会管理权限的经济开发区管委会等要履行管理区域内的义务教育控辍保学工作主体责任。建立义务教育入学联控联保工作机制。保证各级教育部门对义务教育入学和控辍保学工作负起直接责任，负责落实义务教育入学、复学、

图 4-14　控辍保学现场会

图 4-15　教育扶贫暨控辍保学学校宣传动员

保学基本制度，完善工作机制，加强监督和指导；将入学和控辍保学作为教育工作的重要任务，列入教育行政部门、学校年终考核内容，并作为考核校长的重要指标。

3.丹巴各乡（镇）长职责。负责组织和督促义务教育适龄儿童少年入学、复学，帮助解决适龄儿童少年接受义务教育存在的困难，采取措施防止适龄儿童少年失学、辍学，配合做好学校周边环境治理。

4.丹巴县各村长职责。注重发挥村规民约作用，配合政府督促家长做好义务教育适龄儿童少年入学、复学工作。

5.学校校长和班主任（师长）一级职责。严格实行义务教育阶段学生学籍信息化管理，规范学籍建立和变动手续。健全失学、辍学学生报告机制，切实履行农村留守儿童和困境儿童强制报告职责。主动与乡镇政府（街道办事处）、村（居）民委员会对接在校流失学生信

图4-16 教师入户调查现场

息。完善家长委员会制度和家访制度，发现学生逃学旷课、辍学、存在监护缺失或不良行为等隐患的，及时与其父母或其他法定监护人取得联系，提醒、督促家长或其他法定监护人履行责任。校长要准确掌握学区范围内适龄儿童少年底数和入学情况，统筹安排本校控辍保学工作，并配合乡镇政府（街道办事处）、村（居）民委员会共同做好辍学学生动员返校工作。班主任负责了解学生每天的到校情况和思想状况，建立贫困家庭学生、孤儿、留守儿童少年、残疾学生、贫困生等特殊学生台账，认真履行对学生的生活关爱和学习指导；学生没有到校要与家长及时联系并报告学校。

6. 家长（父母或其他法定监护人）一级职责。履行法定义务，依法送适龄儿童少年按时入学，接受并完成义务教育，认真做好家庭教育。

四、软硬兼施，提升精神脱贫能力建设条件

（一）改善校园环境条件，建造精神文化温室

1. 构建丹巴教育"新"布局。丹巴县科学构建"一圈、三点、五线"校点布局，全力打造"3+3""6+3"精品学校。党的十八大以来，丹巴县充分利用"十年行动计划""农村义务教育薄弱学校改造工程"等项目，共争取和投入资金3.69亿元，实施学校标准化建设工程，新建、改扩建校舍和运动场。投入1441余万元，装备音体美器材、实验仪器设备、图书、学生课桌凳及寄宿制学校食堂、寝室等设施设备。投入4000余万元，大力实施"123"智慧甘孜教育信息化建设；投入390余万元打造"一校一品"校园文化；投入96.9万元实施23所学校"明厨亮灶"工程。目前已经全面实现了"乡乡有标准化中心校"。

图4-17 丹巴中学

图4-18 学校多媒体教室

图4-19 成华区捐赠图书

图 4-20　学生艺术节表演

图 4-21　艺术节学生竖笛表演

2. 建设丹巴"三通两平台"。丹巴县坚持用高端方式解决短板问题的理念，强力推进教育信息化建设，积极推进"三通两平台"建设。实施幼儿园观摩式、小学植入式、初中录播、高中直播共 5 所学校 62 个班的远程网络教学。加强了教育管理公共服务平台建设，实现教育管理信息化。2012 年以来，丹巴县累计投入教育信息化建设资金 4000 余万元，采购师生电脑 1600 余台，采购交互式电子白板、交互式教学一体机 240 余套，全县所有中小学校实现了"班班通"。通过以上努力丹巴可以让广大农牧民子女在家门口就能享受优质教育资源。

（二）强化教育人才支撑，提高贫困主体精神治理能力

1. 拓展乡村教师补充渠道。丹巴县对教师编制实行三年一调整管理机制，确保乡村教师编制数量充足；大力开展公开考核招聘、公开考试聘用、"特岗计划"招录及国家、省免费师范生培养工作，以此补齐乡村优秀教师资源不足的短板。采取多种方式培养"一专多能"的乡村教师，提升乡村教师综合教学能力。

2. 加大教师关爱力度。丹巴县在教师职称（职务）评聘和生活待遇政策方面向乡村学校教师倾斜，按照国家《乡村教师支持计划（2015—2020 年）》有关要求，根据四川省乡村教师职称（职务）评聘条件和程序办法，实现县域内城乡学校教师岗位结构比例总体平衡。按照省的要求，从 2016 年起，取消乡村教师评聘职称（职务）对外语成绩（外语教师除外）、计算机等级、发表论文的刚性要求。全面落实集中连片特困地区和国家级贫困县乡村教师每人每月不低于 400 元的生活补助政策。大力建设教师周转宿舍，改善教师生活条件。

3. 推动城镇优秀教师交流。丹巴县全面推进义务教育阶段教师队伍"县管校聘"管理体制改革，为实现义务教育资源均衡配置，促进

图 4–22　支教老师指导篮球比赛

图 4–23　"成华班"实施方案研讨会

教育公平发展，进一步细化实施丹巴县域内义务教育学校教师、校长交流（轮岗）工作，丹巴县采取校长轮岗、教师交流、优秀教师送教下乡、成华区对口支教等多种形式共选派 116 名教师和校长进行轮岗交流，补充紧缺教师。到 2018 年，丹巴县每年交流人数达到了应交流人数的 10% 以上。

4. 全面提升乡村教师能力素质。加大贫困地区乡村教师培训力度，提高乡村教师思想政治素质和业务水平，通过"国培计划"、省级培训项目、广东省对口援助、成都成华区对口援助及州教育局教师"每天一小时"全员培训计划，开展丹巴县教师集中培训和远程培训。建立、完善和落实贫困地区乡村教师荣誉制度，丹巴县每年安排 100 万元大力表彰奖励优秀教师，及时兑现农村坚实生活补贴、绩效工资、免费体检等政策鼓励教师终身从教，调动教师工作积极性；对在乡村学校从教 10 年、20 年以上的教师进行激励表彰申报，从而有力改善乡村教师不愿意来、留不住的乡村教育现状。丹巴县每年安排 10 万元教师培训经费，通过走出去、请进来、校本研修、网络培训、网络教研和开展国家、省、州、县级课题研究等形式，提升广大教师的整体素质。充分发挥丹巴县教师发展中心的作用，仅 2018 年，组织校长、副校长和骨干教师参加国培、省、州培训 137 人次，县级教师培训 4107 人次。2019 年丹巴县根据教师学科知识考试情况，启动了"月月有主题，周周有培训"教师全员培训活动，目前已培训教师 308 人次。充分利用现有的信息化装备，利用教师培训室开展全县中小学教师优质课赛课活动、专题讲座、理论培训、信息化应用能力培训等适应现代化的教师岗位培训，从根本上解决教师现代化教学问题。

5. 实施"藏区千人支教十年计划"。丹巴县通过加大与成华区、青白江区衔接，扩大援助范围，建立校对校的对口支援关系。积极创设工作、生活各种条件，为优秀教师赴丹巴县学校任教提供便利；同时，选派一定数量的幼儿园、中小学校管理干部到对口支援学校挂职

图 4–24　成华区学校为丹巴结对学校赠送体育用品

图 4–25　校服捐赠仪式

锻炼；选派一定数量的一线教师到对口支援学校跟岗学习。丹巴县利用"三区"人才支持计划教师专项计划，每年接收具有中级以上职称的优秀幼儿园、中小学骨干教师到乡村支教。截至 2016 年底，丹巴县已完成了 18 所学校的结对关系。

第5章

汇聚社会真情，
弹奏峡谷脱贫美丽乐章

2012 年，按照省委"7+20"对口援藏部署，成华区开始对口援助丹巴县。近年来，在区委、区政府的领导下，成华区紧紧围绕丹巴脱贫攻坚实际精心组织，在基础设施、产业发展、民生改善、新村建设、生态建设、平安建设、能力建设等方面主动作为，锐意创新，以新的举措注入援藏活力，呈现了项目促进和人才素质"双提升"，成都市成华区等 100 个集体荣获 2018 年"省内对口帮扶藏区彝区贫困县先进集体"，成华区帮扶工作有效助力丹巴县实现乡村振兴、全面奔小康，续写了成华丹巴一家亲的佳话，形成了独有特色的社会扶贫

图 5-1　新建嘉绒大桥

"成华品牌"。

2012 年至 2018 年，成华区投入资金 5400 余万元，修建甲居成华路和成华环线，为打造甲居旅游名片打下重要基础；投入资金 1000 万元新建丹巴县人民医院，投入资金 190 万元建成血透室，极大改善丹巴医疗保障水平；投入资金 1150 万元建成教师周转房，极大改善当地教育水平。到 2019 年，成华区财政投入对口帮扶资金将达 2.17 亿元。

2012 年至 2018 年，成华区创新实施项目、产业、智力、全域"四位一体"帮扶体系，特别是 2018 年丹巴县脱贫攻坚决战决胜之年，成华全年实际投入对口帮扶资金 3059 万元，标准外划拨援助资金 819.6 万元，实施援建项目 15 个，吸引社会帮扶资金 6200 多万元，无偿捐款或捐物折款 200 万余元，帮助丹巴县 54 个村 2245 户 8564 人脱贫，有效助推丹巴决战决胜脱贫攻坚。

图 5–2　成华区教育科学研究院党支部送教丹巴

图 5-3　援藏队员开展"不忘初心、牢记使命"主题教育活动

2017 年底，根据组织安排，成都市成华区行政审批局主任科员马骁骁到丹巴县丹东乡挂职专职扶贫副书记，具体负责丹东乡莫斯卡村。

丹东乡莫斯卡村作为丹巴县最偏远的村，距县城 78 公里，村幅员面积 680 平方公里，村牧民定居点海拔 3960 米，2019 年有户数 160 户 615 人，其中贫困户 35 户 134 人，是丹巴县 181 个行政村中贫困户最多的村，2014 年贫困户识别时人均年收入不到 2500 元，2018 年人均年收入已接近 8000 元。

挂职期间，马骁骁把自己当一个"牛场娃"，克服高寒缺氧、交通不便、语言不通等问题，根据牧区农忙特点，汉语和藏语相结合，集中宣讲和蹲点走访结合，白天村上研究工作和晚上入户查找问题相结合，和农牧民群众同吃同住，有效掌握了丹东乡特别是莫斯卡村贫困户基本情况和产业发展现状，凭借六大举措着力助推丹巴县脱贫攻坚。

图 5-4　成华援建丹巴县幸福美丽新村建设　　　图 5-5　成华援建藏香猪养殖基地

　　第一个举措是抓软件提升，确保内外业档案规范。马骁骁在熟悉掌握州、县脱贫攻坚业务基础知识的基础上，充分借鉴成都先进的档案规范化管理理念，积极发挥在档案局工作过的经验优势，传授档案工作技巧，带领乡村干部对户卡、村册、乡簿及易地搬迁、藏区新居等内外业档案进行重新整理规范，更加准确掌握全村贫困户情况的同时，为后期脱贫攻坚奠定了坚实基础。

　　第二个举措是抓硬件补短板，推动基础设施建设。马骁骁与县交通局、水务局、电力公司等相关部门工作对接，协调推动通村通组道路、电力、网络等基础设施建设，同步推进莫斯卡村 13 户易地扶贫搬迁、22 户藏区新居及配套基础设施高质量按时完工。2018 年 8 月，莫斯卡村移动通信网络修建完成并投入运行，标志着全村正式进入网络时代，这不仅大大方便了村民与外界无距离交流，更为莫斯卡村脱贫致富插上了"互联网"的翅膀，也让山沟里的孩子通过互联网接受优质教育变成了可能。

　　第三个举措是抓产业帮扶，助推脱贫增收见效。马骁骁以生产扶贫为着力点，围绕丹东乡中药材种植、高原夏草莓、藏香猪和牦牛养殖等产业基础，深入企业、乡村、走进农户实地调查，高标准完成二道桥村藏香猪养殖、莫斯卡村和边耳乡牧业村牦牛养殖情况调研，积极发挥援藏干部资源优势，充分借助成华电商平台、大型超市、社会扶贫项目推介会、社交媒体等平台载体，努力帮助丹巴云心农业科技有限公司、甘孜州佳源中药材种植有限责任公司扩大规模，全力带动贫困群众"闯市场"，进一步拓展农产品销售空间、拓宽农牧民增收渠道。目前，二道桥村藏香猪完成销售 60 头 18 万元，丹巴云心农业科技有限公司、甘孜州佳源中药材种植有限责任公司分别在丹东乡建立特色夏草莓基地 60 亩、中草药种植基地 105 亩，2019 年销售收入有望突破 700 万元。

　　第四个举措是抓村风整治，提升脱贫攻坚工作成效。为确保群众不仅物质脱贫，还要精神脱贫，马骁骁充分利用庙会、赛马节、村民大会等活动和走村入户、农民夜校等机会，积极宣传精准扶贫的方针政策和惠民帮扶的实际成效，激发他们的脱贫内生动力。同时，成立村环境卫生整治领导小组，安排村党员、村民等 11 支清扫

图 5-6　丹巴县聂呷乡跑马会送文艺下乡

保洁队伍，开展环境卫生专项整治和卫生评比活动，努力引导群众摒弃陋习、确保房前屋后干净，让村容村貌亮丽起来，以新的面貌脱贫奔康。

第五个举措是抓新媒体宣传，推广地区特色旅游资源。马骁骁积极把握莫斯卡村通硬化路、通网契机，利用抖音、微信朋友圈等社交媒体加大"莫斯卡格萨尔王文化""草原精灵雪猪子"旅游宣传，全力协调解决湖南电视台芒果 TV《一路成年》节目组在莫斯卡村拍摄过程中遇到点位调研、场地协调、劳务需求、群演动员、道具筹借等困难问题，为节目顺利拍摄奠定坚实基础的同时，进一步带动莫斯卡村旅游发展，提升村民旅游接待收入。

图 5-7　成华区援助丹巴县地方教材《丹巴嘉绒文化》交接仪式

第六个举措是抓教育发展，保障贫困家庭孩子不失学辍学。马骁骁坚持"一个不能少，一天都不能等"理念，与县教体局、乡小学校密切配合，进一步加大控辍保学工作力度，先后 20 余次前往丹东乡小学校、莫斯卡村补偿教育点了解学生学习、生活等实际困难，打好"依法控辍、行政控辍、扶贫控辍、情感控辍"四张牌，既用了开办义务教育学习班的土办法，也用了联系县电视台记录辍学学生家长做承诺的巧办法，还用了跋山涉水深入海拔 4400 米以上的高山牛场找辍学儿童、做家长思想教育工作的"笨办法"，前后 30 余次开展辍学儿童劝返工作，确保了莫斯卡村义务教育阶段辍学儿童核查及劝返工作按期完成。同时，马骁骁积极联系成都市成华区行政审批局、中建西堪院鉴定和加固中心、成都军通通信股份有限公司、成都励为信息技术有限公司、小易基金等企业以及身边朋友为乡、学校、贫困学生捐款捐物，总计金额超过 20 万元。

图 5-8 成华区援建项目——新农村建设科里村示范点

第 6 章

不忘初心、牢记使命，
乡村振兴丹巴再起航

2014 年以来，丹巴坚定以习近平新时代中国特色社会主义思想为指导，认真贯彻党中央和省、州委部署要求，坚持把脱贫攻坚作为最大的政治责任、最大的民生工程、最大的发展机遇，聚焦"两不愁、三保障"目标，严格落实"七个坚持"（坚持执行现行扶贫标准，坚持精准扶贫精准脱贫基本方略，坚持把提高脱贫质量放在首位，坚持扶贫同扶志扶智相结合，坚持开发式扶贫和保障性扶贫相统筹，坚持脱贫攻坚与锤炼作风、锤炼队伍相统一，坚持调动全社会扶贫积极性）的工作要求，举全县之力、聚全县之智，坚决打赢

图 6-1　丹巴县召开脱贫攻坚县"摘帽"动员大会

脱贫攻坚战，确保脱贫路上不落下一户、不落下一人，2018 年底全县顺利完成"摘帽"，脱贫攻坚阶段性任务就此完成。然而作为深度贫困地区，丹巴县主要领导和广大干部、群众深知发展的差距，在脱贫"摘帽"后，丹巴县没有停步，没有歇脚，而是继续以脱贫摘帽的毅力大力实施脱贫巩固和乡村振兴战略，开启了乡村振兴的新征程。

一、念兹在兹，巩固脱贫成效不松

脱贫巩固重在时效性，如果巩固措施实施慢了，则会大大增加扶贫成本。丹巴县采取扶贫和脱贫巩固同步进行的策略，在脱贫摘帽初期就进行了相关调研，及时聚焦全县 54 个已退出贫困村、2179 户 8300 人已脱贫贫困人口开展了巩固提升，以及因灾、因病等存在致贫风险农户补短工作，建立了"缺啥补啥"的工作机制，形成了以"三

图 6-2　2017 年，巴底镇沈足二村第一书记深入贫困户家中，了解生产生活情况

图 6-3　2020 年丹巴县组织召开脱贫攻坚普查工作培训会

个联动"为核心的工作制度。

一是定期摸排制度。全县 15 个乡（镇）成立专项工作组，落实专人，对照户脱贫"两不愁，三保障"标准，每两月一次，到村、户对所有农户进行摸排，重点核查农户收入是否达标，是否实现不愁吃、不愁穿，是否做到义务教育、基本医疗、住房安全有保障。如发现有不达标农户，要充分核实，仔细甄别，确保信息精准无误、不漏统、不漏项。并以乡（镇）为单位填写摸排汇总表，经县级联系点领导，乡（镇）党委书记、乡镇长审核把关确认签字后，报送县攻坚办。

二是对标补短制度。县攻坚办及时收集汇总各乡（镇）摸排表，组织召开了专题会议研判，全县按照"缺啥补啥"原则，分门别类进行梳理，对标对表，逐一逐项分解到对应县级职能部门。县级职能部门各司其职，各负其责，按照"两不愁，三保障"标准，结合部门工作实际，及时研究落实项目、资金等具体帮扶措施，对标补齐短板，做到"缺啥补啥"补短工作"四个经得起"，即经得起群众检验、经

图 6-4　2020 年 6 月 29 日，省督查组到丹巴检查脱贫攻坚问题整改工作见面会

图 6-5　援藏队员

得起媒体检验、经得起各级检验、经得起历史检验。

　　三是台账管理制度。补短工作完成后，丹巴县各乡镇、各部门分期形成了"缺啥补啥"补短工作落实台账，经县级分管领导、单位主要负责人审签后，报送县攻坚办，县攻坚办定期收集汇总各乡镇、各部门工作台账，建立专卷存档，形成乡镇、县级部门、县攻坚办三者同步推进，做到件件有落实，事事有回音，条条有成效，做到真脱贫、不返贫、能致富，做到全县无临界户、无边缘户、无假脱贫户。

在巩固脱贫成效过程中，丹巴县积极开展了"四不减"工作。全县以强力问责倒逼责任落实，严格按照"摘帽不摘责任、摘帽不摘政策、摘帽不摘帮扶、摘帽不摘监管"要求，持续推进了35名县级领导、62个县级部门帮扶常态化、制度化，保证54名第一书记、108名驻村工作队员、2245名帮扶责任人帮扶责任、力度、成效"三不减"。同时，丹巴县根据国家、省、州督查检查、考核评估发现反馈问题进行深度整改，做到举一反三，补齐漏洞，进一步提高贫困人口满意度和脱贫质量。

在政策机制落实方面，丹巴县特别注重将脱贫攻坚与乡村振兴无缝衔接，以乡村产业振兴推动巩固脱贫成效。全县围绕大渡河流域乡

图6-6 丹巴优质酿酒葡萄基地

图 6-7 巴底镇木纳山村人工造林现场

村振兴产业带布局，加快推进了 1 万亩蔬菜基地、1 万亩水果基地、1 万亩花椒基地、4800 亩羊肚菌、220 亩中藏药材基地以及 6 个标准化示范养殖场项目建设，同时，积极培育壮大旅游产业，争创天府旅游名县，推进农旅、文旅深度融合，集中打造甲居、中路、梭坡 3 个景区、25 个示范村，发展特色民居接待 296 户，加快群众增收步伐，实现稳步脱贫奔康。在村组建设中，丹巴注重把乡村振兴战略作为巩固提升脱贫攻坚成果的重要抓手，全力实施村内道路、农田水利、安全饮水、通讯网络、住房安全、增收产业等项目建设，进一步缩小了乡与乡、村与村、户与户之间差距，做到小康路上不落下一户、不落下一人，实现共同推进，全面小康。这些政策措施为丹巴县提高脱贫质量提供有力支撑。

二、携手奋进，探索藏区乡村振兴路

从理论层面看，精准脱贫目标在于解决贫困群众基础的生存发展需求，而乡村振兴旨在减少城乡福利差异，同时要不断满足乡村居民的更高层次发展需要。乡村振兴可以被认为是对长久以来的城乡二元结构经济体制的一次系统反思，其目的在于减少城乡二元结构下工业主导农业和城市主导乡村的非均衡发展模式所造成的乡村凋敝。乡村振兴不仅是要从经济上改善城乡关系，而且要从政治、经济、文化、社会和生态五个方面对乡村进行全面升级，引导城乡资源配置优化，从而实现城乡融合发展和福利均衡。

从实践上看，国家乡村振兴实践乡村新战略，为贫困地区和民族地区绘就乡村新画卷带来了新机遇。党的十八大以来，在以习近平同志为核心的党中央领导下，坚持把解决好"三农"问题作为全党工作重中之重，持续加大强农惠农富农政策力度，全面深化农村改革，农业农村农民发展取得了历史性成就，为党和国家事业全面开创新局面提供了重要支撑，也为实施乡村振兴战略奠定了良好基础。2017 年10 月党的十九大报告中首次提出了乡村振兴战略，随后在 2018 年 1月中央一号文件《关于实施乡村振兴的意见》中提出按照"产业兴旺、生态宜居、乡风文明、治理有效、生活富裕"的总要求，对农业农村农民进行改革，谱写了新时代乡村振兴的新篇章。其中产业振兴作为重点振兴对象，以农业供给侧结构性改革为主线，构建现代农业体系。2018 年 9 月印发了《乡村振兴战略规划（2018—2022 年）》，该《规划》从农业、农村、农民三个方面入手对乡村振兴规划进行了系统设计方案，为各地区各部门分类有序推进乡村振兴提供重要依据和行动指南。

四川乡村振兴助力乡村新发展，开创"三农"新时代，为丹巴乡

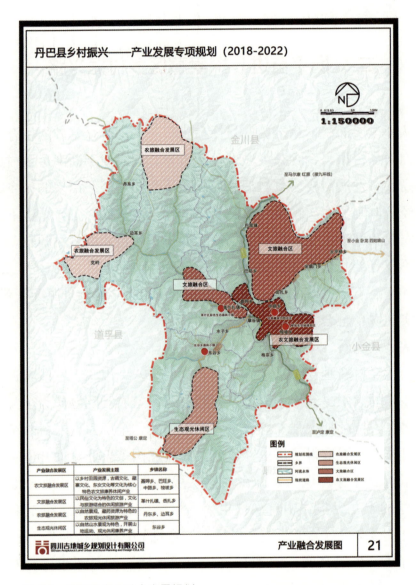

图 6-8　丹巴县产业融合发展规划

村振兴提供了重要政策支持。四川把实施乡村振兴战略作为新时代"三农"工作的总抓手，按照"产业兴旺、生态宜居、乡风文明、治理有效、生活富裕"的总要求，统筹推动乡村产业振兴、人才振兴、文化振兴、生态振兴、组织振兴，并且以乡村振兴和新型城镇化双轮驱动的模式，统筹推进城乡空间的开发、保护和整治，加快推进农业农村现代化，擦亮四川农业大省金字招牌，推动由农业大省向农业强省跨越。

在《四川省乡村振兴战略规划（2018—2022年）》中特别提出，产业振兴是乡村振兴的物质基础，要坚持质量兴农、效益优先为发展原则，以农业供给侧结构性改革为主线，念好"优、绿、特、强、新、实"六字经，加快转变农业发展方式，构建现代农业产业体系、生产体系、经营体系，推动乡村产业振兴，为四川乡村产业发展指明了方向，也为丹巴县乡村振兴提供了重要指导。

甘孜州乡村振兴加力乡村脱贫攻坚，开创产业发展新高地，为丹巴乡村振兴提供了本地化支持。甘孜州结合实际，按照"产业兴旺、生态宜居、乡风文明、治理有效、生活富裕"的目标，积极谋划该州乡村振兴战略工作。提出以大渡河流域的康定、泸定、丹巴三县（市）为先行区，以"成都后花园，康养加休闲"为发展主题，率先开展乡村振兴示范区建设。同时紧抓脱贫攻坚、特色产业融合、生态宜居乡村建设、优秀文化传承等主要任务，实现示范区率先摘帽、率

图6-9 开展高山人工造林栽植技术培训

图 6–10　丹巴春色

先奔康。此外，甘孜州紧扣乡村振兴时代主题，坚定农业农村改革步
伐，以促进农业供给侧结构性改革为主线，扎实推进质量兴农、绿色
兴农、品牌强农政策，推动农业农村发展体制机制的深刻变革，引领
高原生态特色农业高质量发展，开创产业发展新高地。

　　在此背景下，丹巴县根据本地地形地貌复杂，具有立体垂直气候
特征，形成丰富的物种，有多种野生动物、植物的特点，根据农业种
类多样、旅游资源丰富、文化资源多彩，以及典型的半农半牧旅游藏
区这一特色，全县在乡村振兴实施初期，开展了大量思想动员和讨论
活动，让全县上下统一认识，达成共识，形成了四个重要认识和思
路，即实施乡村振兴战略，有利于丹巴县经济基础建设，有利于丹巴
产业结构调整，构建产业体系，形成一二三产业融合，促进产值倍
增，有利于体现丹巴深厚的文化底蕴；有利于提高农民技术，增加就

图 6-11 成华区援建公路

业机会，提升农民综合素质，增加经济收入。

总体上，丹巴以不断增强发展内生动力和外在活动为核心要旨，以增加农民收入、提升农民生活品质为核心，围绕"一沟一品、一带一品"发展思路、"成都后花园、康养加休闲"的发展方向，筑牢产业兴旺基础，推动产业振兴、人才振兴、文化振兴、组织振兴，树立丹巴县域品牌，打造集旅游、文化、农业发展为一体的最美县城，让农民增收，生活富裕。主要思路是按照"宜农则农、宜旅则旅、能融尽融"的原则，重点围绕旅游、文化、农业三大产业，做好县域旅游、文化开发和保护、生态农业、旅游＋文化＋农业"三产"融合规划，延伸产业链，促进单一产业向多产融合转变。

战略定位方面，丹巴制订了关于乡村振兴的"五大发展战略"。

1.依势发展，统筹联动战略。由于丹巴地形地势因素，县域内产业资

图 6-12 墨多山下的田园风光

源丰富，但呈多数散点状分布，因此丹巴县按照"一沟一品、一带一品"发展战略，以"五河"为线，高程为带，产业串联，优势互补，联动发展。2.科技引领，创新推动发展战略。顺应市场，科技推动，利用大数据信息平台，发展智慧农业、智慧旅游，基于优势产业，发展示范点。3.产业融合，提质增效升级战略。以优势农业产业为基础，以旅游、文化为依托，以文旅促农，农文旅结合，形成单一产业发展向多元化产业融合发展，实现产业升级。4.文化传承，丹巴嘉绒文化保护战略。文化是一个民族奋斗不息的精神体现，文化具有向心力和凝聚力，是子孙后代了解和爱护自己民族的重要途径。丹巴文化丰富，特别是嘉绒文化，丹巴县通过加强文化开发和保护措施，实现文化传扬，并进一步促进产业融合发展。5.理念创新，推行人才引进战略。人才强国、人才强县，先进理念带动区域发展。丹巴县加大人才引进力度，组建人才技术团队，以先进技术促产业发展。6.引进企业，联合发展战略，吸引企业入驻，注入社会资本，拓宽产业链，提升产业服务，增加产业附加值，形成一二三产业融合。根据战略目标，丹巴县制订了适应本区的乡村振兴总体定位和目标，即建设全国藏区乡村振兴示范区，突出旅游优势资源，完善旅游产业体系，开发保护文化资源，构建丹巴文化产业体系，发展丹巴优势生态农业，构建现代农业产业体系，整合丹巴产业资源，促进乡村产业融合，紧抓县域品牌建设，构建产业品牌体系，打造农旅文融合发展示范区、康养休闲度假胜地、藏区文化保护传承样板区、高山生态农业发展新高地。

后　记

　　脱贫攻坚是实现我们党第一个百年奋斗目标的标志性指标，是全面建成小康社会必须完成的硬任务。党的十八大以来，以习近平同志为核心的党中央把脱贫攻坚纳入"五位一体"总体布局和"四个全面"战略布局，摆到治国理政的突出位置，采取一系列具有原创性、独特性的重大举措，组织实施了人类历史上规模空前、力度最大、惠及人口最多的脱贫攻坚战。经过8年持续奋斗，现行标准下9899万农村贫困人口全部脱贫，832个贫困县全部摘帽，12.8万个贫困村全部出列，区域性整体贫困得到解决，完成了消除绝对贫困的艰巨任务，脱贫攻坚目标任务如期完成，困扰中华民族几千年的绝对贫困问题得到历史性解决，取得了令全世界刮目相看的重大胜利。

　　根据国务院扶贫办的安排，全国扶贫宣传教育中心从中西部22个省（区、市）和新疆生产建设兵团中选择河北省魏县、山西省岢岚县、内蒙古自治区科尔沁左翼后旗、吉林省镇赉县、黑龙江省望奎县、安徽省泗县、江西省石城县、河南省光山县、湖北省丹江口市、湖南省宜章县、广西壮族自治区百色市田阳区、海南省保亭县、重庆市石柱县、四川省仪陇县、四川省丹巴县、贵州省赤水市、贵州省黔西县、云南省西盟佤族自治县、云南省双江拉祜族佤族布朗族傣族自治县、西藏自治区朗县、陕西省镇安县、甘肃省成县、甘肃省平凉市崆峒区、青海省西宁市湟中区、青海省互助土族自治县、宁夏回族自治区隆德县、新疆维吾尔自治区尼勒克县、新疆维吾尔自治区泽普县、新疆生产建设兵团图木舒克市等29个县（市、区、旗），组织29个县（市、区、旗）和中国农业大学、华中科技大学、华中师范大学等高校共同编写脱贫攻坚故事，旨在记录习近平总书记关于扶贫工作的重要论述在贫困县的生动实践，29个县（市、区、旗）是全国832个贫困县的缩影，一个个动人的故事和一张张生动的照片，印证着人民对美好生活的向往不断变为现实。

脱贫摘帽不是终点，而是新生活、新奋斗的起点。脱贫攻坚目标任务完成后，"三农"工作重心实现向全面推进乡村振兴的历史性转移。我们要高举习近平新时代中国特色社会主义思想伟大旗帜，紧密团结在以习近平同志为核心的党中央周围，开拓创新，奋发进取，真抓实干，巩固拓展脱贫攻坚成果，全面推进乡村振兴，以优异成绩迎接党的二十大胜利召开。

由于时间仓促，加之编写水平有限，本书难免有不少疏漏之处，敬请广大读者批评指正！

本书编写组

责任编辑：忽晓萌
封面设计：林芝玉
版式设计：王欢欢
责任校对：白　玥

图书在版编目（CIP）数据

中国脱贫攻坚．丹巴故事／全国扶贫宣传教育中心　组织编写．— 北京：
　人民出版社，2022.10
（中国脱贫攻坚县域故事丛书）
ISBN 978 - 7 - 01 - 025179 - 0

Ⅰ.①中…　Ⅱ.①全…　Ⅲ.①扶贫 - 工作经验 - 案例 - 丹巴县　Ⅳ.① F126

中国版本图书馆 CIP 数据核字（2022）第 193679 号

中国脱贫攻坚：丹巴故事
ZHONGGUO TUOPIN GONGJIAN DANBA GUSHI

全国扶贫宣传教育中心　组织编写

人民出版社 出版发行
（100706　北京市东城区隆福寺街 99 号）

北京盛通印刷股份有限公司印刷　新华书店经销

2022 年 10 月第 1 版　2022 年 10 月北京第 1 次印刷
开本：787 毫米 × 1092 毫米 1/16　印张：9
字数：121 千字

ISBN 978 - 7 - 01 - 025179 - 0　定价：35.00 元

邮购地址 100706　北京市东城区隆福寺街 99 号
人民东方图书销售中心　电话（010）65250042　65289539